JN033098

美しき皇妃エリザベート

美容からファッション、食事、フィットネスまで、その美の秘密

✳

須貝典子

写真・片野優

河出書房新社

Contents

ウィーン・ホーフブルク（王宮）

ネストロイプラッツ駅
地下鉄1号線
シュヴェーデン
プラッツ駅
ドナウ運河
ベルンドルフ
地下鉄3号線
シュトゥーベン
トーア駅
ウィーン・ミッテ駅
ラントシュトラッセ
市民公園
地下鉄4号線
シュタットパーク駅

map
シシィマップ

ヴォティーフ教会
ショッテントーア駅
地下鉄2号線
ウィーン大学
市庁舎
ブルク劇場
エリザベート妃像
ヘレンガッセ駅
コールマルクト通り
グラーベン通り
シュテファン大聖堂
デメル
国会議事堂
フォルクス庭園
ミヒャエル広場
アウガルテン
シュテファンスプラッツ駅
シシィ博物館
王宮銀器・食卓調度コレクション
スペイン乗馬学校
ケルントナー通り
ホーフブルク
（王宮）
A.E.ケッヒェルト
地下鉄2号線
英雄広場
カプツィナー教会
自然史博物館
熱帯蝶類博物館
アウグスティナー教会
フォルクス
テアター駅
新王宮
アルベルティーナ
マリア・テレジア広場
マリア・
テレジア像
王宮庭園
カフェ・ザッハー
美術史博物館
ゲルストナー
ウィーン
国立歌劇場
ミュージアムクォーター駅
カフェ・
インペリアル
カールスプラッツ駅
アン・デア・ウィーン劇場
ウィーン博物館
カールスプラッツ

王宮のファサード。ハプスブルク家の紋章・双頭の鷲と王冠、天使が笛を奏でる

ミュンヘンのヴィッテルスバッハ傍系公爵家の八人兄妹の三番目に生まれた少女は、本来、歴史の表舞台に登場することなく、平凡な一貴婦人として生涯を終えるはずだった。

　ところが一八五三年夏、〝お見合い〟とは名ばかりの、すでに婚約がお膳立てされた席にお供した一五歳のエリザベート（愛称シシィ）は、なんと姉が結婚するはずの殿方に見初《みそ》められてしまった。その相手がハプスブルク家の皇帝フランツ・ヨーゼフ一世だったことから、急転直下、少女の運命の扉は開かれ波瀾万丈の人生の幕は切って落とされた。

　エリザベートはフランツ・ヨーゼフ一世の愛を一身に受け、困惑しながらも結婚を承諾し、翌春、バイエルンからドナウ河を下り、ウィーンのシェーンブルン宮殿へお輿入《こしい》れする。もし彼女が当時の誰もがそうだったように、権威に従順な普通の女性だったなら劇的なシンデレラストーリーとなり、ハッピーエンドで人生の幕を閉じていたにちがいない。しかし、若い皇妃はヨーロッパで最も厳格な仕来《しきた》りを重んじる宮廷の暮らしに馴染めず、また実の伯母であり姑《しゅうとめ》の大公妃ゾフィーとの確執からつらい日々がはじまる。

　皇妃の最大の務めはお世継ぎを産むこと。結婚の翌年とその次の年、エリザベートは続けて女の子を出産する。そして二〇歳のときに、待望の男子を出産。しかし、当時の王家の仕来りで子どもたちは姑にとりあげられて養育が許されないばかりか、面会さえままならなかった。

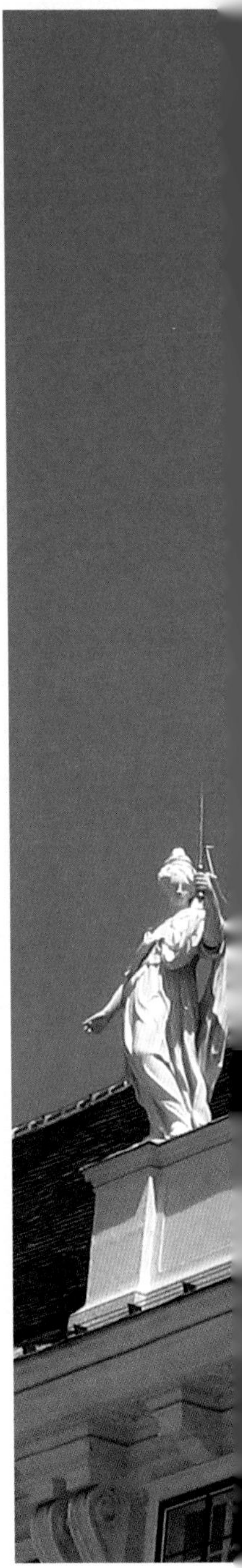

唯一頼りにする夫のフランツ・ヨーゼフ一世は、クリミア戦争（一八五三―五六年）や外交問題で忙しく、皇妃の言葉に耳を傾ける余裕がなかった。また、エリザベートの周囲の女官や侍女たちはすべて姑の息のかかった者たちで、そのうえ宮廷の貴婦人たちにも馴染めなかった。若き皇妃は宮廷内の値踏みするような冷たい視線や心ない言葉に傷つき、自室でもお付きの者に監視されて心休まる暇はなく、次第に孤独にさいなまれていく。やがて咳が止まらない病気に罹《かか》り、そのうえ不眠症になって食事も受けつけなくなる。

そのため医師から転地療養をすすめられ、皇妃は大西洋のマデイラ島やギリシャの島で二年ほど療養生活をする。一度は健康を回復したはずのエリザベートだったが、ウィーンに戻ると再び体調を崩してしまう。しかし、意を決したエリザベートは、今度は生まれ変わったように自分磨きに専念し、スポーツやジムナスティックス（体操。健康・体力向上・美的表現などを目的とする）、髪や肌の美容に全精力を傾注していくのだった。

宮廷の公式行事にも滅多に姿を見せない皇妃だが、神秘的な神々しさに包まれ、その美貌と類《たぐ》い稀なるスタイルと気高さで会う人々を虜《とりこ》にしていく。そして、ウィーンでの不自由で窮屈な宮廷生活を逃れ、自分の意のままに行動できる外国での生活が彼女を大胆に変えた。

ナポレオン戦争後の激動のヨーロッパを舞台に、絶世の美女と謳《うた》われた皇妃エリザベートは、斜陽するハプスブルク家の運命に翻弄されながらも自分をみつめ毅然と生き抜いた。

一七二センチの長身にして、ウエスト四六センチ、体重四五～五〇キロという驚異的なプロポーション（異説あり）を生涯保ち続けた彼女の美の秘密と実践をたくさんの資料から繙《ひもと》いていきたい。

第Ⅰ章

皇妃の美の秘密
フェイスケア・入浴法・ヘアケア

✴

✴皇妃の一日のルーティーン

〝ハプスブルク家の最後の皇帝〟フランツ・ヨーゼフ一世は朝三～四時に起床し、五時に軍服に着替え、宮廷の書斎で執務をはじめるのが日課だった。さすがは幼い頃から皇帝学を修め、当時五六〇〇万人の民を擁するハプスブルク帝国の国父と仰がれた人物だけのことはある。

それでは「わがまま」「公務を嫌った」という皇妃エリザベートのほうは、朝はゆっくりと目覚め、ベッドでモーニングコーヒーでも楽しんでいたのだろうか。意外なことに、エリザベートは夏は朝五時頃、冬は六時頃に起床して身支度をしていたという。ただその支度の工程は度を越えていて、早朝の入浴からはじまり、フェイス&ボディケア、ヘアブラッシング、それから髪を結いあげるのに相当な時間を費やした。

現在、シェーンブルン宮殿のエリザベートの部屋には、長い髪を垂らした白いネグリジェ姿の

マリア・テレジアが好んだイエロークリーム色のハプスブルク家の夏の離宮、シェーンブルン宮殿

皇妃を模した人形が鏡の前で立っている。傍らにある水差しと洗面器はアウガルテン社製の陶器で、エリザベート専用の白地に金の縁取《ふちど》りが施してある。

ここで皇妃エリザベートのある一日のルーティーンを紹介したい。

皇妃の一日

6：00 起床
健康維持、血液の循環をよくするために冷水のバスタブに浸かる。その後、皇妃の化粧室にて全身マッサージ。

8：00 朝食
牛乳コップ一杯、フルーツ少々、ティー一杯。

8：30 フェイスパック。髪をブラッシングしてお手入れし、結いあげる。
このブラッシングの時間には、ハンガリー語、ギリシャ語などを勉強した。

11：30 着替え

季節の花々が咲く広大な庭園でシシィは速足の散歩に勤しんだ

寝起きのモーニングガウンから、午後の予定(早歩きの散歩・乗馬・フェンシングなど)に合わせて着替えする。〝ハチのウエスト〟と呼ばれる胸とヒップの間がキュッと締まった理想的なウエストをつくるため、ドレスを着る前に侍女がコルセットをギュウギュウに締めあげた。他の貴婦人たちも同様の習慣があったが、エリザベート付きの侍女たちは、このコルセットの装着だけでもたっぷり一時間を要した。

14:15　昼食　牛肉のスープ一杯

14:30　屋外活動

ウォーキング。皇妃について侍女たちもお供した。エリザベートは歩く速度が速かったため、侍女たちは肩で息をしながら随分遅れて、後ろのほうから付き従うのがやっとだった。エリザベートの場合、おそらく現在の競歩と呼ばれる速度ではなかっただろうか。この時間帯に乗馬、フィットネス、フェンシングなども行った。

17：00　夜の予定に応じて着替え。ドレスに合わせて髪を整えた。

冬は、鹿の薄手の毛皮がドレス内側に縫い付けられたため、着替えのたびに縫いかえられた。

19：00　夕食

ハプスブルク家の仕来りで、夕食は家族一緒。定時の少し前に夕食のテーブルにつく。ただ

庭園の涼し気な木立の小径

し、スープや肉汁をすする程度で、すぐに自室に戻ることが多かった。気分が悪いときは、ひとりで食事をとることもあった。

20：00　自由時間

宮廷女官であり友人でもあったイーダ・フェレンツィとおしゃべりしたり、髪をブラッシングしてもらったり、フェイスパックなどをしたりして過ごした。あるときは皮下脂肪がつくのを防ぐため、酢酸《さくさん》に浸けた濡れたシーツを腰に巻くこともあった。

22：30　就寝

エリザベートの美の追求は、寝ている間も続けられた。ピンと背筋の真っすぐ通った姿勢を保つために、頑丈な鉄製のベッドに枕を使わないで休むのだった。

✳美しき皇妃エリザベートの評判

皇妃の美しさは、まるでおとぎ話からぬけ出たようで、会った人は誰もがその美に圧倒され、魅了されたという。その力はたとえ遠く離れた場所からでも一瞬でも、皇妃に批判的な人たちにも効力を発揮した。そんな例は枚挙にいとまがない。

たとえば、現在プラーター遊園地になっている広大な公園で乗馬をしていたときに、市民は皇妃をひと目見ようと押しかけた。そんなとき皇妃を見た人々は、歓喜し歓声をあげたものだった。

不仲とされたゾフィー大公妃でさえ、日記に「皇妃は人々を惹きつける。人々のアイドルとなり、彼らの喜びとなっている」と嫁の評判を認《したた》めている。

また、プロイセン王、のちのドイツ皇帝ヴィルヘルム二世は感情の起伏が激しく、言動に一貫性がなく偏見も強かったことで知られるが、その皇帝でさえエリザベートを「世界一美しい女性」と絶賛している。

さらに、女官であり皇妃の信頼を受けたマリー・フェシュテティッチ伯爵夫人も「百合のよう、白鳥のよう、いや妖精のよう」と日記の中で皇妃を称え、深い敬愛の情を示した。

こんな逸話もある。一八六四年当時、ウィーンに勤務するあるアメリカの外交官は、エリザベートが美しいというのは評判倒れにちがいないと高をくくっていた。ところが、謁見後は認識を一変させて「とても美しい――背が高く、スリムなスタイル、豊かなライトブラウンの髪、ギリシャ人のような額《ひたい》、やさしい瞳、かわいい笑みをたたえた赤い頬、物静かでメロディアスな声、そしてちょっとシャイでとても優雅な身のこなしをする」とエリザベートの印象を本国へ書き送っている。

これらの言葉をつなぎ合わせると、エリザベートの美しさが実感となって迫ってくる。

✳フェイス・スキンケア

夜の就寝前や朝の入浴後、エリザベートは化粧水やクリームを塗ってフェイスケアに余念がなかった。胃腸がよければ肌のつやもよくなることが知られていたので、食事に気を配っていたのはいうまでもない。

まだ化学的な化粧品の研究も製造も行われていない時代、宮廷薬事部門では皇妃のためにいろいろなスキンケア用品を開発・製造していた。原料には植物のハーブやオイル、花びらの液のほか、卵・ミルク・ハチミツ・ホワイトチーズ・ラード・バター・フルーツ・野菜などの食品が使われた。フェイスパックにはイチゴやキュウリ、口臭衛生にはレモンを役立てた。

また、ヴァニラの果実やサンダルウッド(白檀)の精油からパーフュームを、スミレやラベンダーの花びらからエキスを抽出してオードトワレをつくったりした。その他の希少な材料は、主に輸入食料品店から、また自然療法や東洋医学の薬局や健康食品店などからも取り寄せられた。

レモン・ウォーター

化粧水

材料

レモン汁……30ml
オレンジフラワー・ウォーター
（ビターオレンジの花びらを
蒸留水に浸してつくった水）
……50ml
蒸留水……100ml

これらをひとつのビンに入れて、よく振って混合する。

オレンジとレモンの柑橘系のシトラスの爽やかな香りは気持ちを落ち着かせるだけでなく、ポジティブな気分にしてくれる。また、乾燥した角質を拭きとり、水分のバランスが整ったうるおいのある肌をつくる。

ビターオレンジの白い花は香りがよいので、古くから蒸留して精油やオレンジフラワー・ウォーターをつくったり、お菓子や料理の香りづけにも使われてきた。

余談だが、ギリシャ神話では最高神ゼウスが正妻としてヘラをめとった際にオレンジの花を贈ったことで、ヨーロッパではプロポーズのときに女性にオレンジの実を贈り、その後、結婚式までオレンジの花を贈る習慣があった。

ローズ・ウォーター

化粧水

材料

バラの花びら……100ｇ
蒸留水……４分の１Ｌ

蒸留水を沸騰させ、バラの花びらに注ぐ。蓋をして暖かい場所に３日間置く。次にバラの花びらをよくしぼってフィルターで濾《こ》す。そして抽出した液をビンに入れて冷蔵庫で冷やす。

バラの化粧水をシシィは1870年頃から使っていた。バラのエキスはクレンジングしたり、日焼けによる炎症を抑えたりする効果があった。肌に張りやうるおいを与えしっとりと整えるほか、抗炎症作用や蘇生作用もある。

当時の市販の化粧水にはホウ砂《しゃ》や防腐剤が含まれていたが、今ではこれらには毒性があることが知られている。その点、エリザベートが天然のフェイスウォーターを使用していたのは幸いだった。

ハチミツ・ソープ

材料

黄色い蜜蠟《みつろう》……120 g

白いベビー石鹸……60 g

甘いアーモンドオイル……20 g

ローズ・ウォーター……50 g

ハチミツ……大さじ 1

まず、細かく刻んだ白いベビー石鹸と黄色い蜜蠟を湯煎にかけてよくかき混ぜながら溶かす。次に、アーモンドオイルと温めたローズ・ウォーターを加える。さらに冷めないうちにハチミツを入れてかき混ぜる。温かいうちに丸い玉の形にすればシシィ愛用のハチミツ・ソープのできあがり。

　蜜蠟は古代ギリシャ・ローマ時代からクリーム、軟膏、スキンケアなどに使われてきた。無精製のものは黄色く、ハチミツのような香りがする。肌に優しく、保湿性に富み、潤いを皮膚の内に閉じこめて肌を保護する効果がある。蜜蠟は61〜65℃の融点で固まり始め、しかもその成分のパルチミン酸が泡もちをよくする。

　また、固形タイプのベビー石鹸は添加物が少なく、特にアルカリ性のものは低刺激でとても肌に優しい。ベビー石鹸の代わりに石鹸素地を使ってもよい。

　一方、ハチミツには様々な美容効果がある。まず、第一に保湿効果。ハチミツは吸湿性が高く、空気中の水分を引き寄せ、肌にうるおいのヴェールをつくる。第二に、ポリフェノールが老化の原因となる活性酸素を除去するアンチエイジング効果。第三に、半永久的に腐らないハチミツには殺菌効果がある。そして第四に、シミやそばかすの原因となるメラニンの抑制作用や美白効果も期待できる。

カッテージチーズ&ハチミツを使ったイチゴパック

材料

イチゴ……適量（イチゴ2～3粒、大さじ2程度）
カッテージチーズ……大さじ2
ハチミツ……小さじ1

イチゴをつぶして、ピューレ状にする。次にカッテージチーズとハチミツを入れて、泡だて器でよくかき混ぜる。これを顔や首にまんべんなくのばしてパックする。

このイチゴパックはエリザベートの美容法では最も有名なフェイスパックで、皇妃は自然のエキスを摂取して老化を防ぎ、若々しくありたいと日々お肌の手入れに余念がなかった。フェイスパックは最低20分間行われた。姪のマリー・ラリッシュは、皇妃が「イチゴの季節になると、顔と首につけていた」と記録している。

カッテージチーズの種類にもよるが、できあがったパックは水分が多いので、起きたままでは顔に塗れない。頭の下にバスタオルなどを敷いて横になり、イチゴパックを静かに顔、首筋から胸元にかけて塗る。このときパックがたれてくるので、髪は束ねるかシャワーキャップをかぶり、胸元が開いたタンクトップなどを着るとよい。

イチゴには紫外線などの有害な光から果実を守るアントシアニンという色素が含まれている。アントシアニンはポリフェノールの一種で、血流を促進するため、血行不良が原因で起こる肌のくすみやクマを解消する作用がある。

また、イチゴのつぶつぶの種に含まれるチリロサイドには、抗炎症作用があり皮膚を守る働きがある。さらにイチゴに含まれるエラグ酸というポリフェノールは、シミやそばかすの原因となるメラニン色素を抑制するほか、美白作用もあるといわれる。

他方、ビタミンＢ２を豊富に含んだチーズを加えたフェイスパックは健康的な肌づくり、肌荒れ防止、肌を柔らかくツヤツヤにする効果が期待できる。

卵黄のフェイスパック

材料
卵黄……１個
ハチミツ……小さじ１
オリーヴオイル……５ml（美容用）

全部を一緒にしてよくかき混ぜる。顔から首にかけて、柔らかいブラシでのばしながら塗る。

卵黄には皮膚や粘膜の透過性を増強するレシチンやビオチン（アレルギーの緩和・細胞の活性化・老廃物の排泄を促進）などのビタミンが含まれ、キメの細かいスベスベの肌をつくる効果がある。また、アミノ酸やたんぱく質が肌の新陳代謝を促し、エイジングケアにも有効。

また、サラサラでべとつかないオリーヴオイルは、健康面だけでなく美容にもよいことがわかっている。オリーヴオイルの約８割ちかくを占める主成分のオレイン酸は、もともと肌にある成分なので馴染みやすく、肌にうるおいを与え、自然なモイスチャーバランスを維持。

このほか、オリーヴオイルに微量に含まれる成分が美容効果を高める。たとえばスクワレンは肌を柔らかくし、肌の表面に薄い膜を張って保護し、みずみずしさを与えるエモリエント効果（肌の水分蒸発を防ぎ、うるおいを保つ）を発揮する。また、ビタミンＥは皮膚の血行を促して肌を若々しく保ち、ベータカロテンは肌の乾燥や荒れを防止する。それ以外にも毛穴の詰まりや肌の汚れを浮かせて溶かすなど、オリーヴオイルには様々な美容効果がある。

✳皇妃の化粧室と皇室史上初の本格的浴室

皇帝一家が冬場に暮らしたウィーン中心部にある王宮は、エリザベートがはじめてフィットネスルームを設置した場所でもある。というのは、シェーンブルン宮殿やほかの別荘は自然に囲まれていたが、冬季の王宮では屋外で運動ができなかったからだ。

燭台がある化粧台にはブラシが数種類、手鏡、オードトワレなども置かれていた。皇妃の化粧台は窓のそばに位置し、冬の光を浴びながらここで長時間ブラッシングを受けた様子が偲ばれる。傍らに設けられた寝椅子で、時折マッサージを受けた。この部屋の壁にはエリザベートの両親や姉妹の肖像画のほか、皇妃が敬愛したドイツの詩人ハインリッヒ・ハイネの肖像画も掛けられていた。

化粧室の奥には、宮廷史上初の本格的なバスルームが設置された。浴室の壁は花模様の布張りで、鏡のフレームには小さなバラの花が描かれ、銅製の細長い楕円形のシンプルな浴槽には亜鉛メッキが施されていた。また、通路には白い磁器にブルーの花模様をあしらった、当時としては最新の水洗トイレと水道がついた洗面台があった。

さて、現在の常識では、お風呂といえば温かいお湯にゆっくり浸かってリラックスするイメージがあるが、一九世紀のヨーロッパにはその習慣がなかった。というのは、ヨーロッパではペストが蔓延した一四世紀以降、公衆浴場が菌の感染経路と特定され、一般に水や湯に触れるのは危険だと考えられていたからだ。のちに衛生観念が見直されて入浴の習慣が再開するのは、一八七〇年代になってから。つまりエリザベートは、風呂文化の先駆者ともいえる。

エリザベートの入浴は、セバスチャン・クナイプ（一八二一―九七）の水療法を基本として

バスタブ（シシィ博物館提供）

© Schloß Schönbrunn Kultur und Betriebsges. m.b.H. / photographer: Alexander Eugen Koller / location: Hofburg Palace, Vienna - Imperial Apartments

いる。これは皇妃と同じバイエルン出身のカトリックの神父クナイプが、当時は不治の病だった肺結核をドナウ河に浸かって完治した経験か

バスルームの鏡（シシィ博物館提供）

© Schloß Schönbrunn Kultur und Betriebsges.m.b.H. / photographer: Lois Lammerhuber / location: Hofburg Palace, Vienna - Imperial Apartments

ら編み出した自然療法だ。

クナイプは、「水療法」「植物療法」「運動療法」「栄養」「心と身体のバランス」を五つの柱とする健康な生活を提唱。このうち水療法には、心臓・臓器・循環器系・血管の強化、免疫システムの改善、新陳代謝の活性化、ハリのある肌をつくるといった効用があるとされた。

実際、咳が止まらない病気を患ったエリザベートは健康を気遣い、ときに一時間も冷水のバスタブに浸かるというストイックな健康法を試みた。水は三℃という冷たさで、浴室にストーブが設置されていたことから、冬でも水風呂に浸かっていたようだ。そのほか、ミルク、オリーヴオイル、ハチミツ、ハーブ入りのお風呂にも好んで入った。

バス用牛乳とダイエット用乳製品を製造するには大量の質のよい牛乳が必要だったため、わざわざスイス人を雇い、シェーンブルン宮殿の庭園の一角で牛を飼育させた。エリザベートが

オリーヴオイル・バス

材料
オリーヴオイル（美容用）……３Ｌ
ハチミツ……２カップ

オリーヴオイルとハチミツを贅沢に使って、浴槽のお湯に溶かす。乾いた肌をサラサラにするエリザベートお気に入りのスキンケア。ただし、オリーヴオイルは入浴後、数時間経った後でもかすかに匂いが残るので、のちに皇妃はローズマリーオイルやカモミールオイルを使うようになった。

　地中海地方が原産のローズマリーは、爽やかな強い香りを特徴とする。老化の原因となる活性酸素を除去するポリフェノールを含んでいることから、「若返りのハーブ」といわれる。ほかに花粉症やアレルギーの緩和、血行促進、うつ症状の改善、集中力を高めるなどの効果がある。エリザベートにとって、ローズマリーオイルは美容だけでなく、精神の安定にも役立ったと思われる。
　このローズマリーが「ハンガリー水」「ハンガリー王妃の水」と呼ばれるのは、次のような伝説に基づいている。諸説あるが、そのうち代表的なものは、14世紀のハンガリー王カーロイ１世の妃エルジェーベトが手足のリウマチ（あるいは痛風）で苦しんでいたところ、修道士（あるいは錬金術師）が、ローズマリーをアルコールと一緒に蒸留したエキスを王妃に献上した。すると70歳を過ぎた王妃はみるみる健康を回復して若返り、若いポーランド王から求婚されたという。

ミルク・バス

材料
牛乳……1.5 L
ハチミツ……1.5カップ
レモンオイル
（エッセンシャルオイル）……5 ml

絶世の美女クレオパトラや古代ローマの貴婦人方が入っていたというミルク・バスに、エリザベートも時々浸かっていた。皇妃のミルク・バスのつくり方は、牛乳とハチミツとレモンオイルを浴槽のお湯に注いで軽くかき混ぜる。お風呂上がりは、牛乳とハチミツの働きで赤ちゃんのようなサラサラの肌となり、レモンの爽やかな香りでリフレッシュできる。

牛乳にはカルシウムやカリウムなどのミネラルやビタミンが豊富に含まれているが、このうちカリウムは血行を促進、体内から塩分を排出し、むくみをとってくれる。このほか酪素（カゼイン）という成分が、肌を柔らかくし、膝や踵の古い角質や毛穴の汚れを除去するピーリング効果を発揮、くすみやザラつきのない美肌をつくる。

また、38℃前後のぬるめのお湯にゆっくり浸かることで副交感神経が働いてリラックスできて、ストレスが解消されるほか、ミルク・バスには保温効果もある。

ハチミツ&生クリーム・バス

材料
生クリーム……100ml
ハチミツ……1カップ
ビターオレンジの花びらの化粧水
（オレンジフラワー・ウォーター）
……50ml

生クリームとハチミツを混ぜ合わせる。次に、ビターオレンジの花びらから抽出した化粧水を入れる。これをバスタブに満たしたお湯に注いでかき混ぜる。このお風呂に浸かると、肌はビロードのように滑らかになるといわれた。

生クリームの成分中、最も多く含まれるビタミンAには皮膚や粘膜を形成する働きがあり、シワやくすみのない肌づくりに欠かせない。そのうえ、エネルギー代謝を促進するビタミンB、老化の原因となる酸化作用を阻止するビタミンEも含まれ、生クリームにはアンチエイジング効果や美肌効果もあるという。

また、オレンジの花は不安やストレスを緩和する鎮静効果があり、心の平静、深いリラックス感をもたらしてくれる。さらに筋肉の緊張をほぐし、血行をよくし、新陳代謝を促進。同様に、美肌効果も期待できる。

なお、ハチミツの効果については、「ハチミツ・ソープ」（p16）を参照。

放浪の旅に出かけるときは、新鮮な牛乳をとるために雌牛を同行させることもあった。

ただし、入浴は当時贅沢だったので、一般市民には知らされなかった。ところが、どこからか皇妃がミルク風呂に入っていることが漏れ、「赤ちゃんのための牛乳が市場から消えるなか、皇妃はミルク風呂に入っている」と非難の的となった。ウィーン・ミュージカル『エリザベート』のナンバー「ミルク」では、群衆が皇妃に対し怒りをもって抗議する場面が演じられている。

✳美しく長い髪のために

「私は髪の奴隷」と自ら語ったように、〝髪は女の命〟を体現したエリザベートだった。くるぶしまで届く長い髪を、ブラッシングからのお手入れをして、結いあげるまでに毎日約三時間も費やした。そして三週間に一度は、一日がかりのシャンプー&トリートメントに精を出した。

そんな努力の甲斐あって、皇妃が公式の場に現れると、その髪型はすぐに真似されてウィーンの社交界へ広まった。多くの貴婦人たちは、エリザベートのような健康で豊かな長い髪に憧れを抱くようになった。とはいえ、長いボリュームのある髪は頭に負担がかかったので、エリザベートは頭痛に悩まされることがあった。少しでも頭皮への負担を軽減するため、自室にいるときは吊るしたワイヤーに髪を掛ける、いわば特製の髪用ハンガーを用いることもあったほどだ。

エリザベートは乗馬、狩り、スポーツを好み、稀に舞踏会にも姿を現した。その都度、当然衣装は変えたが、TPOに合わせてヘアスタイルまで変えた。型崩れしないキッチリ決めた髪型、ゆるいウェーヴがかかったエレガントなもの、あるいは三つ編みを帽子のように三段重ねした個性的なもの。どれもオリジナリティーに富んだ魅力的な髪型だった。

ここで、エリザベートのいくつものユニークなヘアスタイルを生み出したヘアドレッサーのファニー・アンゲラーについて触れておきたい。彼女こそ皇妃に見出された、陰のシンデレラとも呼べる女性だった。

　ファニーはウィーンで助産師の父と美容師の母の下に生まれ、母親の仕事を見よう見まねで手伝っていた。最初はウィーンの劇場でクロークと美容師の仕事をしていたが、次第に有名な女優たちの髪結いも任されるようになっていった。

　ある日、皇妃が観劇に足を運んだとき主演女優の髪型を見て気に入り、面談してファニーを皇妃付きのヘアドレッサーに引き立てた。平民

ハンガリー王妃戴冠式の写真（オーストリア国立図書館/ÖNB提供）

出身のファニーが、皇妃に仕えるなどということは普通では考えられない出世だった。髪を大切にする皇妃はファニーの才能を愛し、一緒にいる時間が徐々に増えていった。やがて、エリザベートにとって彼女はなくてはならない人となり、旅に出るときも同行させた。ファニーが不在のときは髪が思うように結えず、公式の場に出ないこともあったほどだ。

　通常、侍女は結婚すると宮中を辞めなければならない決まりだったが、ファニーには特別な計らいがあった。彼女が銀行員のユゴー・フェイファレックと恋に落ちて結婚すると、夫を正式に宮廷に召し抱え、ファニーは引き続き皇妃のもとに通い続けた。

　結婚の翌年、夫フェイファレックは〝皇帝の個人秘書〟に取り立てられ、評議員の肩書まで得た。その後も彼は勤勉に働き、ファニーも皇妃の傍らで髪の手入れとセッティングに専念した。それから一四年後、ファニーの夫は騎士の称号を賜《たまわ》るという破格の出世を果たした。

　もうひとつ特筆すべきことは、ファニーには忠実な侍女としての仕事を超えて、時に皇妃の影武者を演じることがあった。というのはファニーは皇妃と同年代で、おまけに美人でスレンダーだった。

　晩年（一八九五年）、エリザベートが南仏マルセイユへ旅したときは、皇妃に代わってファニーが駅のホームに降り立った。美貌で名高い〝オーストリア皇妃〟をひと目見たいと遠巻きに歓迎する群衆に応えたのは、なにを隠そうファニーだった。本物のほうは、大歓声を尻目にひっそりと列車の乗り換えを済ませていた。

　また、エーゲ海の船旅でも、港に近づくとエリザベートは小船を使ってさっさと船を後にし、街へ繰り出したが、ファニーはしばらく船にとどまって民衆に笑顔をふりまいた。衆目にさらされることを極端に嫌ったエリザベートの少し茶目っ気が感じられるエピソードだ。

卵黄とコニャック・シャンプー

材料

卵黄…… 2 ～ 4 個
コニャック……20～40cc
リンゴ酢……大さじ 1

卵黄を溶いて、次にコニャックとリンゴ酢を一緒に入れてよくかき混ぜる。濡らした髪に櫛でまんべんなく塗りつける。そのまま 2 ～ 3 分置いて、髪によく馴染ませた後に洗い流す。すると驚くほどしなやかでツヤツヤの髪になる。

リンゴ酢には髪の成長を促し、抜け毛を防止する働きがある。また、卵黄に多量に含まれているビオチンが、毛髪をつくるアミノ酸の代謝を活発にするため、発毛・育毛効果があるといわれる。

そして、シャンプーになぜコニャックを入れるかというと、このフランス原産のブランデーには髪に有益なタンニンが含まれているからだ。髪がダメージを受けると、表面のキューティクルがはがれ落ち、毛髪の内部は浸水しやすくなるが、タンニンが髪内部のたんぱく質にくっついて、たんぱく質同士をつなげたり、穴埋めしたりする。タンニンにはキューティクルを引き締め、毛髪を修復し、弾力性を向上させて髪にツヤを与える効力がある。そのほかコニャックには髪を柔らかくし、保湿する効果も期待できる。

ラム酒とセージの葉の髪用ローション

材料

セージの葉……250ｇ
ラム酒…… 4 分の 1 Ｌ

1 Ｌの水を沸騰させ、乾燥したセージの葉を15分煮こむ。冷めたら容器に入れて、日陰に 2 日間置いておく。その後、これにラム酒を加える。シャンプーの後、まんべんなく髪全体に行き渡らせるようにして軽くマッサージすると、しっとりとしたツヤのある髪になる。

セージは地中海沿岸・ブラジルを原産地とするシソ科のハーブで、灰色がかった緑色（グリーンセージ）をしている。ヨーロッパでは、古くから薬用・食用・香辛料として重宝されてきた。そのため「セージのある家には病人はいない」「長生きしたければ 5 月にセージを食べよ」などという諺《ことわざ》があるくらいだ。

髪のツヤだし以外にも、美肌効果、食物の消化を促進、便秘の解消、月経痛の緩和、抗菌作用、イライラを抑える鎮静薬としてなど、様々な用途に使われてきた。

また、髪用ローションに使うラム酒には髪をしなやかにするだけでなく、傷んだ髪を補修するトリートメント効果や脱毛を予防する効果がある。

ビール・トリートメント

材料

ビール……150cc（炭酸抜き）

シャンプー後、濡れた髪にビールをつけながら櫛でとかす。２～３分後、洗い流す。

ビール・トリートメント後はブラシの通りがスムーズになり、髪のまとまりのよさが実感できる。ビールの原料の麦芽とホップには傷んだ髪を修復するたんぱく質が含まれ、コシがあってボリュームのある髪にする効果がある。また、ショ糖と麦芽糖は、髪にツヤと輝きを与えてくれる。

なお、炭酸はシャンプーの効き目を減少させるので、ボウルなどに注いで一晩寝かせて抜いておくようにする。ところでピルスナー・ビールは、エリザベートの故郷バイエルンのミュンヘンからボヘミアのピルゼン（チェコのプルゼニュ）へやって来た職人によって生み出された。

ぶどうを育む気候の適性もあって、古くからオーストリアはワインの国だったが、ビールは修道院や一部で醸造されていた。しかし、宮廷ではビールは野蛮な飲み物とされ、ハプスブルク家の食卓にのぼることはなかった。そんなお国柄のウィーンの宮廷にビールを持ちこんだのは、エリザベートだった。以来、オーストリアでもビールが生産されるようになり、市民の間にも行き渡るようになった。

シシィの時代からある、ミュンヘンのブランドビール

第II章

フィットネスとスポーツ

✳
✳

〝会議は踊る、されど進まず〟とは、ナポレオン戦争後のヨーロッパの新たな秩序と領土について話し合ったウィーン会議（一八一四―一五年）を評した言葉だが、この歴史的な会議の舞台はシェーンブルン宮殿だった。それから約四〇年後、ここで暮らしたエリザベートにも、間接的ながらナポレオン戦争の影響がみられた。ウィーン宮廷を留守にしがちな皇妃が、宮中でのめりこんだのがフィットネスで、その基となったのがプロイセン生まれのフリードリヒ・ヤン（一七七八―一八五二）が考案した「体操」だった。

ヤンはナポレオン軍とプロイセン軍が衝突したイエナ・アウエルシュタットの戦い（一八〇六年）に従軍した経験がある。このときプロイセンがフランスに制圧されたことから、ヤンは若者が心身を鍛えることで自信を取り戻し、かつ戦争に備えるべきだと主張した。そんなヤンの体操のモットーは、〝新鮮・敬虔《けいけん》・陽気・自由〟だった。

一六歳で嫁ぎ、宮廷では礼儀知らずの田舎者との誹《そし》りを受けて傷ついたエリザベートにとって、「体操」は若さと美貌を保つ以外に自分を取り戻すためのメソッドだったにちがいない。とはいえ、当時は貴婦人がフィットネスをするとは考えも及ばなかった。そのため皇妃のエクササイズは、ゴシップとして新聞を賑わせたこともある。

✳皇妃のフィットネスルーム

エリザベートが王宮の自室にフィットネスルームを設置したのは一八六四年のことで、これは皇妃の肖像画の中で最も美しいと評判の高いフランツ・ヴィンターハルター（一八〇五―七三）の作品が完成した年にあたる。

私設のフィットネスルームには、現在のオリンピックの体操競技のような鉄棒、吊り輪、平均台など本格的なジムナスティクス用器具が完備されていた。吊り輪についていえば、隣の部屋へ続くドアの鴨居の上部から二つの吊り輪がぶら下がっているといった具合だった。

また、一本の角ばった太い柱に、梯子《はしご》のように等間隔の横木を付けた見慣れない健康器具も置かれていた。左右の取手に両手両足をかけて、垂直の柱を上り下りするものだ。このほかバーベル、縄跳びなども使って、皇妃は毎日欠かさず一～三時間もトレーニングに汗を流した。

戸外では子どもの頃から親しんだ山歩きや水泳のほか、趣味のウォーキング、狩猟、乗馬にも熱中した。四〇歳を過ぎてからフェンシングも始めている。

また、南ドイツのシュタルンベルク湖畔の実家に帰省している間も、エリザベートはフィットネスを欠かさなかったという。その事実を裏づけるように、当時皇妃が定宿として滞在していたホテル・シュトラウフ（現ゴルフホテル・カイザリンエリザベート）のスタッフから、かって厩舎だった場所で皇妃がフィットネスをしていたと聞かされたことがある。現在、その場所は近代的なフィットネスルームに改築されている。

そんなエリザベートのフィットネスは傍目《はため》から見ると、ちょっと奇妙に映ったようだ。一八九二年の一月、ギリシャ人でエリザベートのギリシャ語の朗読係だったクリストマノスは、皇妃の部屋へ行ったときの様子を次のように書き記している。

「朝、彼女のサロンに呼び出された。部屋に入ると、ちょうど彼女が吊り輪につかまっているところだった。ダチョウの羽根で縁どられた黒いシルクのドレスを着て、鳥とヘビの中間のような恰好をして、ぶら下がっていた」

これはエリザベートが五四歳のときのことだ。吊り輪は鉄棒のように固定されていないので、身体のあらゆる筋肉、すなわち腕、肩、背中、腹、胸の筋肉、上腕三頭筋、握力を効果的に鍛えられる。後述するが、皇妃が激しい乗馬競技で横乗りしながらバランスよく馬を操れたのは、このような日頃のトレーニングの賜物《たまもの》だった。

ちなみに、この日はフィットネスの後に別の予定が入っていたため、トレーニングウエアでなく、ドレスアップしていたのだった。

エリザベートはスポーツや山歩きを詩に託すこともあった。

月明かりの下　灼熱《しゃくねつ》の太陽の下
私は岩の頂上へと登りつめる
雷や嵐や稲妻があろうと
灰色の霧がかかろうとも
なにも気にはしない

（著者訳）

エリザベートにとって、スポーツは自らを最高の高みに引き上げてくれるツールだったのである。また、本来は美食家の皇妃が、ときに豪

シシィの化粧室のジムナスティックの用具（シシィ博物館提供）

© Schloß Schönbrunn Kultur und Betriebsges.m.b.H. / photographer: Alexander Eugen Koller / location: Hofburg Palace, Vienna - Imperial Apartments

シシィの散歩道、カーレンベルクの丘付近の昔ながらの小径

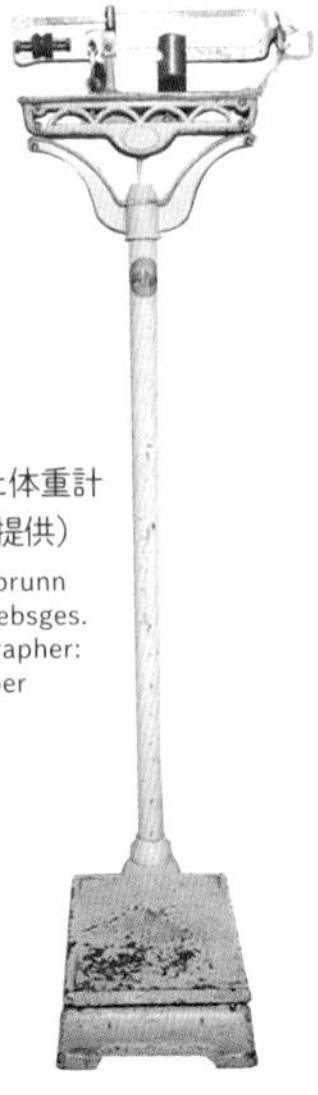

シシィが使った体重計
（シシィ博物館提供）

© Schloß Schönbrunn Kultur und Betriebsges. m.b.H. / photographer: Lois Lammerhuber

ポッセンホーフェン城から眺めるシュタルンベルク湖畔

何度も訪れた温泉保養地バートキッシンゲンにあるシシィ記念碑

湖畔に建つホテル・カイザリンエリザベート。シシィが夏に里帰りしたときの定宿

華な食事や甘いデザートを食べてもスリムな体形を維持できた秘密は、ストイックなまでに自身に課したスポーツやトレーニングで多量のカロリーを消費したからだった。

✴上級競技者だった乗馬

ハプスブルク家の仕来りで、新婚の皇帝夫妻はラクセンブルク城で暮らした。だが、夫である皇帝は毎日早朝二〇キロ離れたウィーン宮廷へ出仕し、ひとり残されたエリザベートは姑に包囲され自由がきかないことを思い知らされた。自分に向けられる好奇の目や心ない噂から逃れるため、若き皇妃が仕来りにしたがって自由にできたのは乗馬くらいのものだった。馬に乗って疾駆しているときだけ、エリザベートは自身を解放し、一時的にでも皇妃という立場を忘れることができたのではないだろうか。

ハンガリーを愛したのは、姑ゾフィーがボヘミア（現在のチェコ）貴族びいきだったことへの反動もあるが、ボヘミアを初訪問したときにウィーンの宮廷に通じる冷淡な雰囲気を感じたからだ。反対にハンガリーでは飾り気のない人々と、ウィーンの宮廷音楽やワルツとはちがった激しい旋律の音楽とダンスに一度で魅了されてしまった。また、もともと騎馬民族のハンガリー人が馬の心を知っていることで、いっそうエリザベートはハンガリーに親しみを覚えたのだった。

そんなエリザベートが過ごした場所のなかには、乗馬に関係するところが多い。ウィーン王宮に隣接するスペイン乗馬学校では冬場でも乗馬の訓練が行われた。ここはリピッツァー産の名馬を調教する馬場で、現在も観光名所のひとつになっている。

そして皇妃がよく乗馬をたしなんだのが、ウィーン郊外のヘルメスヴィラのあるラインツァー動物公園とハンガリーのゲレデー城だ。晩年は放浪の旅をしたエリザベートだが、夫の皇帝と息子のルドルフとで家族一緒にラインツァー動物公園で狩りを楽しんだこともあった。

　ラインツァー動物公園は、ウィーン一三区にある約二四五〇ヘクタールのウィーンの森を含む自然公園で、動物は檻でなく自然の広々とした柵の中で暮らしている。ここに建つヘルメスヴィラは、皇帝フランツ・ヨーゼフ一世が自然と乗馬を愛するエリザベートのためにプレゼントしたものだ。

　趣向を凝らしたヴィラ内の壁画は当時すでに名声を博し、皇帝皇妃の銀婚式のパレードもプロデュースしたハンス・マカルト（一八四〇―八四）や、グスタフ・クリムト（一八六二―一九一八）が描いている。エリザベートの好きなシェイクスピアの『真夏の夜の夢』をモチーフにした寝室の壁や天井画も彼らの手によるもの

セメリング鉄道の駅。シシィがフランツ・ヨーゼフ１世と山歩きを楽しんだ起点の駅。世界文化遺産

自然との調和が美しいセメリング鉄道の高架橋

シャンデリアが煌めくスペイン乗馬学校の内部。シシィが冬場、乗馬の訓練に励んだ

スペイン乗馬学校は王宮の一角にあるため、外見は城のよう

ヘルメスヴィラの厩舎。
馬を愛したシシィが偲ば
れる豪華さ

皇帝フランツ・ヨーゼフ１世が皇妃にプレゼントした
ヘルメスヴィラ。ウィーンの森の一角、ラインツァー
動物公園内にある

で、″おとぎの国″を意識したメルヘンチックなテイストに仕上がっている。

なお、ラインツァー動物公園内は車の乗り入れが禁止されているため、ヘルメスヴィラまでは乗り合い馬車か徒歩で向かう必要がある。六つの入口のうち、メインのラインツァー門(Lainzer Tor)からは徒歩で一五分程度。天気のよい日は、可憐な野生の花々や動物たちと触れ合いながらハイキングを楽しむ多くの市民を見かける。

一方、ゲレデー城はハンガリーを愛し、オーストリア＝ハンガリー二重帝国建国のために尽くした皇妃のために、ハンガリー政府が寄贈したものだ。エリザベートが数ある別荘の中で心から憩うことができたのはこの城だった。なにしろ宮廷の公式行事になどめったに顔をみせない皇妃が、ハンガリーでは舞踏会を催し、積極的に要人たちと会談したのだから。

ところで、幼いときから乗馬に親しみ、サーカスで馬の芸を見るのが好きだった皇妃は、結婚してからはますます馬好きが高じて、イングランドやアイルランドへも乗馬競技や狩りに出かけるようになった。そんな折には列車と船を乗り継いで、競技用の自分の馬も連れて行った。

だが、足繁くイングランドへ通ったのは、この国が伝統的に馬術や乗馬競技に秀でていたこともあるが、乗馬の名手で皇妃のインストラクターのベイ・ミドルトンの存在が大きかった。ある年は、皇妃がイングランドのハンティングに二二回も参加したり、わざわざアイルランドまで乗馬に出かけたのも、すべてミドルトンの尽力があったればこそだった。

その後、皇妃の乗馬競技はどんどんエスカレートし、非常に複雑なコースや危険な狩りを好むようになった。そのため、あるときは落馬して脳震盪《のうしんとう》を起こしたこともあった。しかし、四○代半ばにして、あれほど夢中だった乗馬熱が突然冷めてしまった。これは当時発症していたリウマチや坐骨神経痛に悩まされたことも無関係ではないが、皇妃をよく知る者たちはミドルトンが結婚したからだと噂した。

エリザベートの乗馬を詠ったふたつの詩が残されている。

私の魂であり
この地上の宝石である馬は
強く私の心と響き合う
天駆ける馬が
私の代わりになって
今、陶酔した私の魂が飛んでいく

世界がつらくなりすぎると
私は疾駆する馬にまたがって
自分自身を振り回し
俗世間から離れる
邪悪なすべての人々から逃れる

（著者訳）

第III章

日々の食とダイエット

✳
✳
✳

本章のレシピはオーストリア人4人分を想定したものです。

エリザベートは美の追求のためには、極端なダイエットや厳しいファスティング（断食）をも厭わなかった。最初は出産後の体形を戻すためにフルーツジュースやヨーグルト、卵を使ったダイエットを試みた。時に〝血を吸う皇妃〟などと揶揄《やゆ》されたこともあったが、それは加熱した牛肉の汁だけアヒルのガラ搾り器でとって飲むダイエット法を考案したことによる。

その一方で、エリザベートはロシアのキャビア、フランスの牡蠣《かき》、ハンガリーの甘いトカイワインを愛する美食家でもあった。そのため、ギリシャのコルフ島、南仏コート・ダジュール、スペインのバルセロナは魚介類に目のない皇妃のお気に入りの避暑地だった。またデザートにはチョコレート、アイスクリーム、ケーキなど、甘いものに目がなかった。

毎年夏になると、エリザベートは故郷の母ルドヴィカに会うため、シュタルンベルク湖畔の町フェルダーフィングに三〜四週間ほど逗留した。特別のお召し列車には、三女のマリー・ヴァレリーを伴い、五〇人もの高官・女官をお供に、一五～一八頭の馬も一緒に大移動した。そんな旅は計二四回にも及んだ。

また、前述した、実家のポッセンホーフェン城に近い定宿のゴルフホテル・カイザリンエリザベートでは、皇妃に供されたメニューとレシピが残っている。このときエリザベートは、厨房のシェフとメニューについても相談していたらしい。

というのは当時のシェフの料理ノートには、食材名の横にエリザベートの筆跡で書かれた文字が残っているからだ。おそらく「今朝、鱒《ます》とスズキが釣れた」「イノシシの肉が手に入った」などとシェフが報告すると、皇妃が魚はフライ、グリル、マリネ……、サイドメニューのポテトはボイル、フライなどのなかから選び、料理に合ったお気に入りのデザートをオーダーした形跡がある。

現在、このレストランでは四季の食材を生かし、当時エリザベートが堪能《たんのう》した美食メニューも提供している。そのメニューを見ると、とてもあの細いウエストの皇妃が食べたとは思えないほどのボリュームがある。スープからはじまり、前菜、メインディシュが二～三種類、デザートのスイーツには、季節のフルーツ、プリン、ケーキ、ペストリー、マジパン、アイスクリームがテーブル狭しと並ぶ。格式ばったウィーンを離れ、のんびりと誰にも気兼ねすることのな

シシィがダイエット中によく使用したアヒルのガラ搾り器（王宮銀器・食卓調度コレクション）

シュタルンベルク湖畔のホテルのメニュー

1886年6月4日のメニュー

アスパラガススープ
ホワイトフィッシュのフライ
ローストビーフと牛肉煮こみ
ホウレン草のおひたし　クリームかけ
仔牛のカツレツ　サヤエンドウ添え
鹿のサドル肉（鞍下肉、サーロインにあたる）のロースト
グリーンピースサラダ
洋梨のコンポートとクランベリー
チーズプリン
チョコレートシュークリーム
コーヒーアイスクリーム
麦芽ビスケット
チョコレートパン
アプリコット・ボール
（マジパンのお菓子）
パイナップル・ペストリー

1886年6月13日
バイエルン国王ルートヴィヒ２世が
亡くなった日の食事

牛のコンソメスープ
シュタルンベルク湖のイワナと鱒
ポテトのオランデーズソースかけ
ビーフフィレのロースト
茹でアスパラガス
鹿肉チョップ
仔牛のカツレツ　ライス添え
若鶏のオーブン焼き
パンケーキ
チョコレートケーキ
フルーツ
（レモンとストロベリークリーム添え）

い故郷では自然と食が進んだのだろうか。

✳皇妃が愛した料理

ウィーンの宮廷料理の特長は、ハプスブルク帝国の広大な領土のおかげでオーストリアはもとより、ボヘミア、ハンガリー、イタリア、スロベニア、クロアチア、セルビアなどから多様な食文化が流入し、メニューがバラエティに富んでいることだ。

ボヘミアは、工業国としてハプスブルク帝国を支えたが、前述した黄金色のピルスナービール発祥の地でもある。ビールに比べて料理は影の薄い印象があるが、ボヘミアの伝統料理のお団子型のクヌーデルは、今ではなくてはならないオーストリア料理の名脇役として愛されている。

かたやハンガリーは〝ハプスブルク帝国の台所〟と呼ばれた農業国で、野菜やフルーツの栽培、マンガリッツァ豚などの酪農も盛んで、サラミや生ハムなどが抜群に美味しい。このうち形や色が異なる何十種類ものパプリカはハンガリー野菜の王様で、特に辛いパプリカパウダーはハンガリー料理に欠かせない。

定番は元祖グラーシュ（グヤーシュ）・スープで、その昔ウラル山脈の中南部から移動してこの地に定住した遊牧民族のマジャール人が、大平原で火を焚いて大鍋に野菜と羊肉をグツグツ煮こんだのを起源とする。ほかに牛肉を大きめ

にカットした贅沢なメインディッシュとしてのフィアカー・グラーシュもある。

ハンガリーを愛したエリザベートは、グラーシュやパプリカチキン、パプリカの煮物レチョーなどハンガリーの伝統的料理を好んだ。

ハンガリーでは、日本のピーマンや唐辛子なども含め、色も形も異なるナス科トウガラシ属の野菜を〝パプリカ〟と呼ぶ。パプリカには体内の毒素や老廃物を排出するデトックス効果があるクロロフィル、血液をサラサラにし心筋梗塞や脳梗塞を予防するピラジン、美肌効果・コラーゲンの生成に不可欠なビタミンCやビタミンPなどが含まれる。そのうえ免疫力アップ、発がん防止効果もある。美容に心を砕いたエリザベートが、パプリカ料理を好んだのも理に適っていた。

また、ウィーンへ旅行したら一度は試したいオーストリアの伝統料理に、ヴィーナー・シュニッツェル（ウィーン風カツレツ）がある。油やバターで揚げるのでカロリーは高いが、エリザベートの好みの料理にリストアップされている。
この料理は、オーストリアのラデツキー将軍によってもたらされたという説もある。ラデツキー将軍と聞いてピンとこない人でも、ニューイヤーコンサートでウィーン・フィルハーモニー交響楽団が毎年必ず演奏し、日本の運動会のBGMでもお馴染みのあの『ラデツキー行進曲』の曲名になっている人物といったらわかるかもしれない。
当時オーストリアが支配していた、北イタリアのロンバルディア地方で独立運動が勃発。これを鎮圧しにイタリアへ赴いたラデツキー将軍を称えるため、宮廷舞踏会音楽監督で〝ワルツの父〟と呼ばれたヨハン・シュトラウス一世が作曲したのがこの曲だ。

フィアカー・グラーシュ

材料

牛肉……800g
玉ネギ……600g
バター……大さじ2
パプリカパウダー……大さじ2
ビネガー……大さじ1
トマトピューレ……大さじ1
マジョラム（スパイス）
　またはオレガノ
　……大さじ2分の1
塩……少々
コショウ……少々
赤ワイン……100cc
ガーリック……1片

伝統的な鍋スタイルの器に
盛られたハンガリー名物

作り方

① 牛肉を3～4センチに角切りにする。
② 玉ネギをみじん切りにする。
③ 玉ネギをあめ色になるまでフライパンで炒めたら、パプリカパウダーとビネガーを入れてかき混ぜる。
④ ③の炒めた玉ネギに、①の牛肉を入れて軽く炒め、マジョラム、塩、コショウをふる。水をひたひたになるくらい入れて沸騰したら、弱火にして蓋をして約1時間半煮こむ。
⑤ ④にトマトピューレ、赤ワイン、ガーリックをつぶして入れ、さらに10分煮る。味見して、塩、コショウを追加して味を調える。

グラーシュには野菜たっぷりのスープと、メインディッシュのフィアカー・グラーシュの2種類がある。ただし現地のメニューには、どちらも「グラーシュ」とだけ書かれた店が少なくない。

パプリカチキン

材料

鶏もも肉……1.2kg
植物油………大さじ５
玉ネギ……２個
ニンニク……１片
塩……少々
白コショウ……少々
パプリカパウダー（マイルド）……小さじ１
パプリカパウダー（スパイシー）……小さじ３
トマト……３個
チキンスープ
（チキンのガラでとっただし汁、または固形のチキンスープ）……100cc
赤ワイン……大さじ２～３

オーストリアやハンガリーで販売しているパプリカパウダーの表示は、〝甘い〟（マイルド）と〝辛い〟（スパイシー）の２種類がある。日本で一般に購入できるのは、表示なしのマイルドなパプリカパウダーだが、料理するときは、マイルドのほうのみで、スパイシーを代用してもよい。

ハンガリーの人気メニューのパプリカチキンには、手作りパスタが合う

作り方

① 鶏もも肉を４つに切り分け、温めたフライパンに油をひいて肉の両面を焼く。
② あらかじめみじん切りにしておいた玉ネギとつぶしたニンニクを、①のフライパンに入れて炒める。塩、白コショウ、パプリカパウダーを肉の両面にふりかけて火が通るまでよく焼く。
③ 角切りにしたトマトを、②のフライパンに入れ、コショウを少々ふって一緒に炒めたら、蓋をして中火で15～20分煮る。
④ チキンスープと赤ワインを加えて、弱火で45分煮こむ。

レチョー

ハンガリースタイルのパプリカ煮こみ

材料

パプリカ……500ｇ
トマト……500ｇ
玉ネギ……１～２個
ベーコン……70ｇ
パプリカパウダー……大さじ２～３
ニンニク……１片
塩……少々
白コショウ……少々
水または肉汁
食用油……大さじ２分の１
（サラダ油でもOK）

ハンガリーのパプリカを使った
伝統料理

作り方

① パプリカを短冊形に切って、種を取る。
② トマトを丸ごと熱いお湯の中に入れ、次に冷たい水に入れて皮をはがす。ヘタを取り除いて４分の１に切る。
③ 玉ネギとベーコンを約１cm四方にカットする。
④ フライパンに油をひいて熱し、最初にベーコンを炒める。次にパプリカ、玉ネギ、つぶしたニンニクを入れ、パプリカパウダー、塩、白コショウをふりかけて一緒に炒める。最後にヒタヒタの水を加え、中火で柔らかくなるまで数分煮る。
⑤ ④にトマトを加えて、約10分弱火で煮る。

ヴィーナー・シュニッツェル

ウィーン風カツレツ

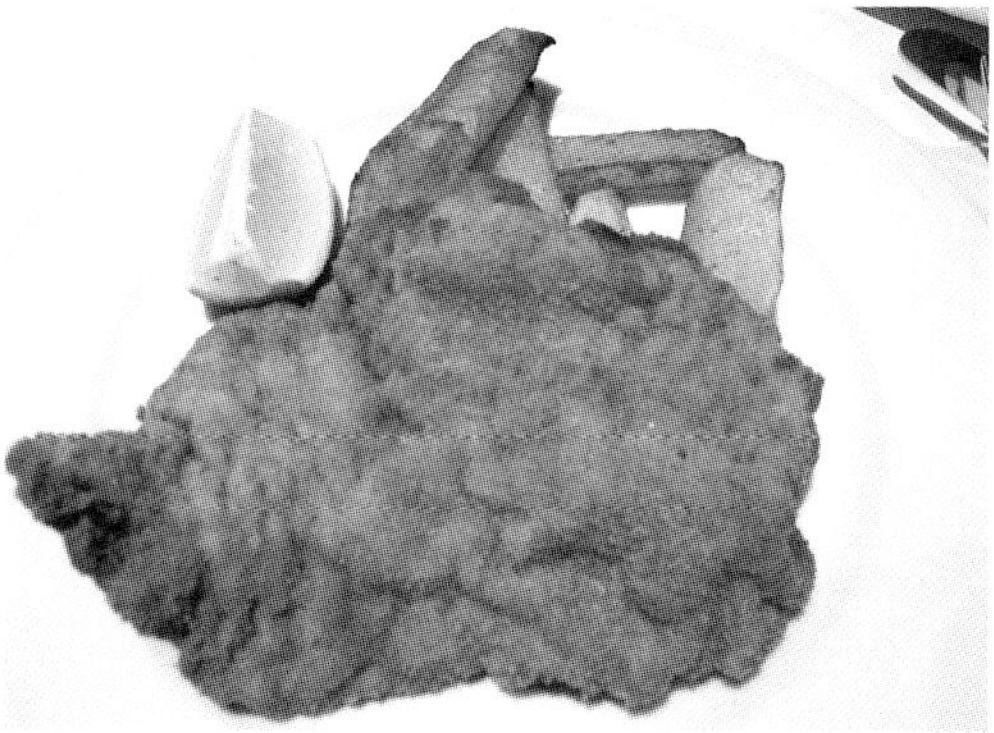

ラデツキー将軍がミラノからレシピを持ち帰ったとされる

材料

カツレツ用の仔牛もも肉……４枚（各180ｇくらい）
卵……２個
塩……少々
白コショウ……少々
油（揚げる用）……250cc
小麦粉……50〜60ｇ
パン粉……100ｇ
バター（室温）……大さじ１
レモン……1個　輪切または、６分の１にカット

作り方

① 肉は加熱したときに丸まらないように筋を取り除き、両面を叩いて平たくのばしておき、塩、白コショウをふる（ウィーンでは、肉を叩くためのキッチンハンマーがあるが、日本の場合は包丁の後ろで叩いてもよい）。

② バットの上に広げた小麦粉を肉の両面に薄くつけてから溶いた卵をからめ、最後にパン粉をまぶす。

③ 油を入れて加熱した大きめのフライパンの中にバターを加え、下ごしらえした肉を中火で３〜５分、両面がこんがりキツネ色になるまで揚げる。

④ 皿に盛りつけて、レモンを添える。

オーストリアに春を告げるアスパラガス

✳シェーンブルン宮殿スープ

アスパラガスは、オーストリアでは春の到来を感じさせる特別な野菜だ。上品な味、料理を引きたてる色彩はいうまでもないが、長く厳しい冬がようやく終わり、ウキウキした春の気分を食卓に届けてくれることで、アスパラガスは心はずむ食材として尊ばれている。

皇妃エリザベートもスープに、あるいはパン粉をまぶして焼いたり、茹でたりと、いろいろなアレンジでアスパラガスを好んで食した。

晩年、皇妃は放浪の旅を続けたが、アスパラガスはわざわざ滞在先まで輸送されて食卓にのぼったことが記録されている。

皇妃のお好みメニューに、肉団子とアスパラガス入りのシェーンブルン宮殿スープがある。季節のアスパラガスと肉団子をミックスした贅沢な一品だ。

また、牛肉と野菜をコトコト煮こんだターフェルシュピッツやカイザーシュマーレンは、フランツ・ヨーゼフ一世の大好物だった。パンケ

オーストリアでポピュラーなレバークヌーデル・スープ

ーキを食べやすい大きさに切ったカイザーシュマーレンは、もともとエリザベートのために創作されたことでカイザリンシュマーレンとネーミングされたが、のちに皇妃より皇帝のお気に入りとなり、カイザリン（皇妃）からカイザー（皇帝）に変更されたという逸話がある。

シュマーレンはドイツ語で「引き裂いたもの」「つまらないもの」といった意味で、カイザーにはふさわしくない言葉だが、逆にいえばフランツ・ヨーゼフ一世は庶民的な料理を愛する皇帝だったといえる。

また、甘いパンケーキはダイエットに適していないため、エリザベートはカイザーシュマーレン

シェーンブルン宮殿スープ。鶏のひき肉団子とアスパラガスのいろどりが鮮やか

を退けたという説もあるが、シシィ博物館のショップで販売している本『シシィのお気に入りレシピ（Sissis Lieblingsrezepte/KOMPASS社刊）』（ドイツ語）に収録されているところをみると、そうはいっても皇妃も喜んで食べていたのだろう。

　カイザーシュマーレンは簡単につくれて、ハプスブルク家の食卓の雰囲気が味わえるうえ、フルーツコンポートやジャム、アイスクリームなどを添えると、いっそう宮廷の贅沢な気分に浸れる。なお、オーストリア人は上から粉砂糖をふりかけるときに、専用の穴の開いたシェル型スプーン（後述八九ページ「エリザベートの船旅用カトラリーの店ベルンドルフ」参照）を使うほど、このスイーツはオーストリアの食文化に溶けこんでいる。

　また、マリア・テレジアの娘でフランス国王ルイ一六世に嫁いだマリー・アントワネットは、クグロフに目がなかったことで知られるが、エリザベートもまた王冠の形をしたバターたっぷりのこの焼き菓子がお気に入りだった。

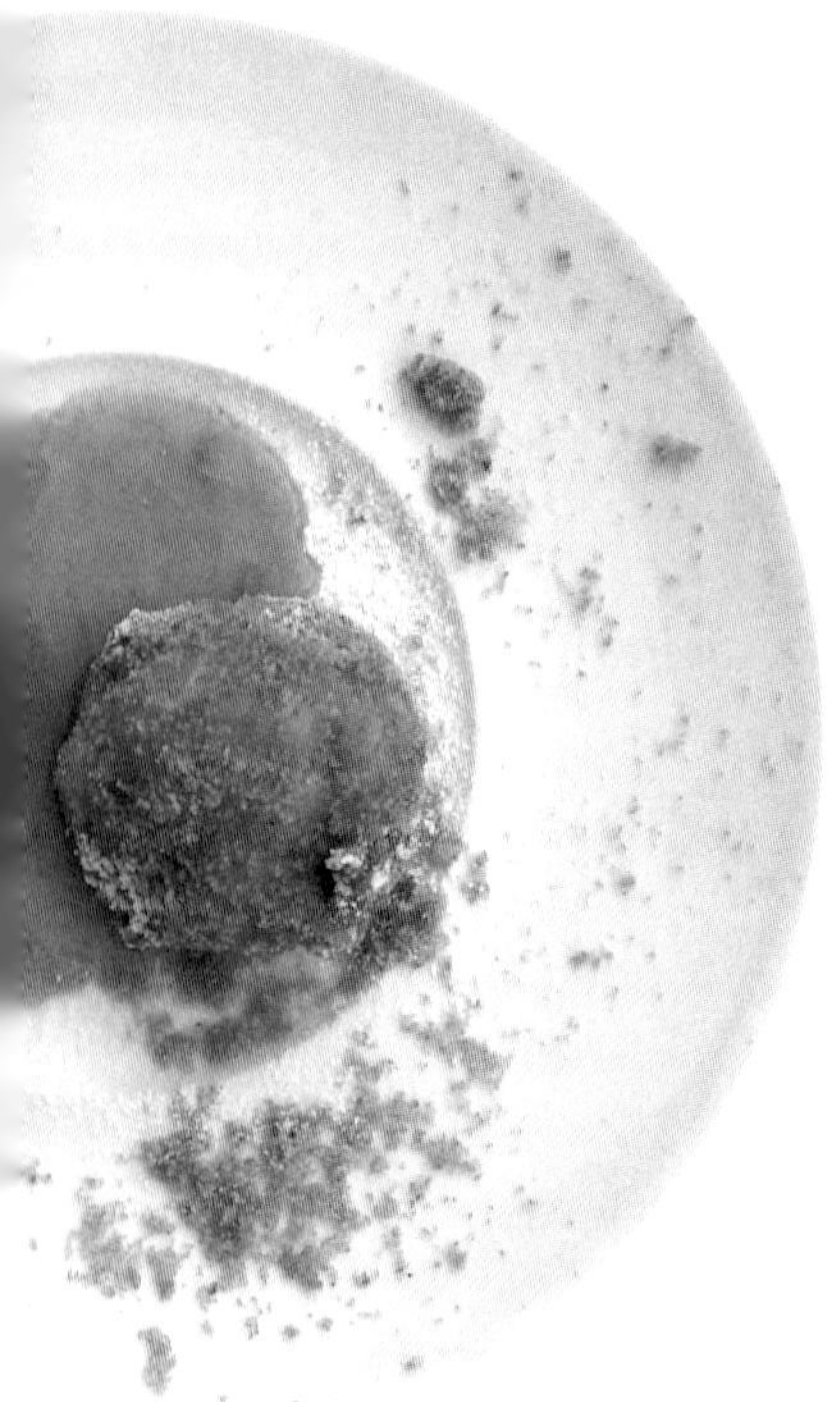

バッハウ渓谷名物のスイーツは、杏が丸ごと入ったお団子マリーレン・クヌーデル

肉団子とアスパラガス入りのシェーンブルン宮殿スープ

［肉団子］

材料

鶏のひき肉……250ｇ
卵……１個
塩……小さじ１
白コショウ……少々
ナツメグ……小さじ２～３
キャラウェイ……少々
パン粉……少々

作り方

①　２度挽きした細かい鶏のひき肉に、卵、キャラウェイ、塩、コショウ、ナツメグを入れる。お好みによりつなぎのパン粉を入れて混ぜる。
②　大きな鍋に水を入れて火にかけ、沸騰させる。
③　沸騰したお湯に、①のひき肉を団子状に丸めて入れる。団子を鍋に入れたら、中火で煮こむ。
④　肉団子をすくう。

［宮殿スープ］

材料

チキンスープ……４カップ
アスパラガス……500ｇ
グリーンピース……1.5カップ
塩……少々

作り方

①　鶏ガラを沸騰させてチキンスープをつくっておく。ここにグリーンピースを入れて煮こむ。
②　アスパラガスは塩を入れて茹でたのち、適当な長さに切る。
③　チキンスープに②の茹で汁を加えて温めて、スープ皿に盛る。

＊このスープの中にアスパラガス、グリーンピース、肉団子を入れて盛りつけて出来上がり。

ターフェルシュピッツ

材料

ビーフスープ
（固形スープでもよい）……500 g
牛肉……1.2kg
水……1.5L
塩……大さじ1～2
ドライパセリ……大さじ1
人参……1～2本
セロリ……2分の1本
長ネギ……半分
玉ネギ……2個
ニンニク……1～2片
ナツメグ……少々
チャイブ（ユリ科のハーブ）……少々
パセリ……少々

作り方

① 鍋に牛肉と水を入れ、塩をふってボイルする。
肉をひっくり返して、火を全体に通す。
② 人参、セロリ、玉ネギ、長ネギをカット、ニンニク、パセリを加え鍋に入れる。調味料をすべて加えて弱火で煮こむ。
③ 温かいビーフスープを入れて煮る。
④ 2時間半～3時間、コトコト煮こむ。汁が減ったら、その都度ビーフスープを入れる。
⑤ 肉が崩れないように皿にのせ、まわりに野菜を盛りつけたらスープを注ぎ、ナツメグと塩をふりかける。ドライパセリをふりかける。

盛りつけはスープ入りのものと、スープから独立した肉のみのものと2種あり

皇帝もシシィも
愛した料理

カイザーシュマーレン

皇帝のパンケーキ

材料

レーズン……60ｇ
ラム酒……大さじ２～３
小麦粉……150g
塩……少々
粉砂糖……大さじ１
ヴァニラシュガー
（ヴァニラエッセンス）……大さじ１
レモンをすりおろした皮……２分の１個分
卵……３個（卵黄と卵白に分けておく）
牛乳……100cc
ミネラルウォーター
（炭酸入り）……50cc
レモン汁……少々
アーモンド粉
（アーモンドをつぶして粉状にしたもの）……40ｇ
バター……50～60ｇ

粉砂糖をふりかけベリーやリンゴジャムでいただく

作り方

① レーズンを熱いお湯にくぐらせて、引き上げる。小鉢に入れて、ラム酒をかけて混ぜておく。
② ボウルに小麦粉、塩、粉砂糖、ヴァニラシュガー、レモンをすりおろした皮、溶かしたバターを入れ、卵黄と牛乳を加えてハンドミキサーで混ぜる。約30分置いておく。
③ 卵白をボウルに入れ、粉砂糖少々、レモン汁を数滴入れて泡立てる。ここにアーモンド粉、ミネラルウォーターを加え、溶かしたバターを入れてかき混ぜる。
④ 熱したフライパンにバターを入れる。ここに、②のパンケーキのタネを入れる。その上からラム酒に浸したレーズンを散らす。片面が焼けたら、ひっくり返して裏面もよく焼く。
⑤ ざっくりと３～４センチ角ほどの大きさにカットし、お皿にのせる。上から粉砂糖をふりかける。

ウィーンスタイル（朝食）は、アップルジャムやプラムジャムを添える。

カイザリンクグロフ

かのマリー・アントワネットもシシィも好きだったスポンジケーキに似た味わいのクグロフ。王冠のように真ん中が空洞になっている

材料

卵白……４個
卵黄……４個
砂糖……100ｇ
レモン汁……大さじ２
バター……225ｇ
小麦粉……250ｇ
塩……ひとつまみ
ヴァニラエッセンス……少々
ベーキングパウダー……小さじ１
シナモン……小さじ１
レモンの皮をすりおろしたもの……１個分
粉砂糖……適量
砕いたチョコレート……100ｇ
赤ワイン……100cc
クグロフ用ケーキ型につけるバターとパン粉……適量

作り方

＊オーブンを180℃にセットして温めておく。

① 卵白を泡だて器で攪拌する。砂糖、レモン汁を加えて角《つの》が立つまでシェイクしたら、冷蔵庫に入れておく。
② 卵黄と砂糖、ヴァニラエッセンス、溶かしたバターを泡だて器でよくかき混ぜる。
③ ②に小麦粉、塩、ベーキングパウダーを入れてかき混ぜる。シナモン、すりおろしたレモンの皮、チョコレートチップ、赤ワインを入れて軽くかき混ぜる。
④ ①の卵白を③の生地に少しずつ加えてかき混ぜる。
⑤ クグロフ用ケーキ型のまわりに溶かしたバターを塗り、パン粉を均一にふりかける。その型に生地を流しこむ。
⑥ ⑤を180℃のオーブンで50～60分焼く。
串などでケーキを刺して、中まで火が通っていたら出来上がり。
⑦ 型からゆっくりとケーキをはずし、粉砂糖をふりかける。
縦にカットして皿に盛りつける。

アイゼンシュタットにあるエステルハージ家の宮殿。ハンガリー最大の貴族に成長し、ハイドンが音楽監督を務めたことでも知られる

エステルハージ家の名を冠した料理とスイーツ

エリザベートが好んだ料理リストの中に、エステルハージローストとエステルハージトルテがある。エステルハージはハンガリー貴族の家名で、〝交響曲の父〟フランツ・ヨーゼフ・ハイドン(一七三二―一八〇九)を宮廷音楽家として召し抱えたことでも知られている。

エステルハージローストは、サワークリームソースをかけたボリュームあるビーフステーキで、エステルハージトルテのほうは白地にチョコレートの幾何学模様がトレードマークの、オーストリアをはじめハプスブルク帝国の領土だった広範囲の国で愛されているケーキだ。

当時、オーストリアに反感を抱くハンガリー貴族も多いなか、エステルハージ家はハプスブルク家に忠誠を尽くしたことで、現スロバキアの地方の地主から最大の領地を得るまでに成長した。

エリザベートがお輿入れしたウィーンの宮廷で教育係として待ち受けていたのが、ゾフィー・エステルハージ＝リヒテンシュタイン伯爵夫人だった。夫人は親友でもあったエリザベートの姑ゾフィーからの信頼が厚く、結婚式前夜に『高貴なる公女エリザベート様が公式に到来なさるに際しての儀典次第』という分厚い宮廷作法マニュアルを、ウィーン到着早々エリザベートに手渡した人物である。右も左もわからない新妻をサポートしたが、エリザベートの傍らにいて一挙手一投足に目を光らせたのは、姑のゾフィーよりもこのエステルハージ伯爵夫人のほうだっただろう。

彼女は、ハプスブルクの名門貴族リヒテンシュタイン公爵家（現リヒテンシュタイン公国）の出身で、エステルハージ伯爵と結婚し、夫を亡くしてから宮中に仕官した人物だ。

リンク通り沿いの美術史博物館前に立つマリア・テレジア像。エリザベートも除幕式に参加した。ハプスブルク帝国を支えた家臣のひとりリヒテンシュタイン家出身の英雄像も台座に加わっている

丸形のケーキを切ったものがトルテ、
長方形のものはシュニッテと呼ばれる

かつてハプスブルク帝国
領だった広範囲の国々で
愛されるエステルハージ
トルテ。チョコで描いた
幾何学模様が特徴

ショーウインドーに
並ぶ、季節ごとに変
わるケーキ

オスマン帝国がウィーン侵攻したときの置き土産。
元祖トルココーヒー

ミルクの泡を載せたウィーンの
メランジ・コーヒー。アルプス
の水と一緒に銀のトレーでサー
ヴされる

エステルハージロースト

材料

牛肉……４切れ（180～200ｇ）
塩……少々
黒コショウ……少々
玉ネギ……１個
小麦粉……大さじ２
バターまたはラード……50～70ｇ
人参……２本
セロリ……４分の１本
パセリ……１本
ニラ……２分の１本
ビーフのだし汁……100cc
（ビーフの固形スープでも可）
サワークリーム……125ｇ
レモンのおろし皮……２分の１個分
レモン汁……大さじ１～２

作り方

① 牛肉に網の目のように切り目を入れて、丸くならないようにしておく。
② 牛肉の両面に塩、黒コショウをふりかけ、片面に小麦粉をまぶす。
③ 温めたフライパンにバター（またはラード）を入れ、牛肉の小麦粉のついた面を焼く。次に裏面も焼く。
④ 玉ネギをみじん切りにして炒め、水少々と小麦粉を加え、クリームをつくる。
⑤ 人参を細切りにし、セロリ、ニラを線切りにする。
⑥ 肉をフライパンに戻し、上からビーフのだし汁をかける。蓋をして弱火で15～20分煮る。
⑦ 皿に肉を盛りつける。肉の上にビーフのだし汁をかけ、サワークリームをのせる。レモンの皮、人参、セロリ、ニラ、パセリを肉の上にのせて彩りを与える。
＊お好みでレモン汁をかける。

第Ⅳ章

ファッションへのこだわり

✴
✴
✴
✴

✴星のドレス

結いあげた髪にダイヤモンドの星をちりばめ、金糸の星をあしらった純白のドレスをまとってふり返るエリザベートの肖像画（一八六五年作）は、皇妃の美しさを今に伝えている。これは人気宮廷画家のフランツ・ヴィンターハルターの手によるものだが、当時二六歳の皇妃はまさに美の頂点を極めていた。

この有名なドレスは、パリでオートクチュールをはじめたイングランド人シャルル・フレデリック・ウォルト（英語読みはチャールズ・フレデリック・ワース／一八二五—九五）がデザインしたものだ。彼は自身のブランドをタグにして縫い付け、ファッションブランドを最初に立ち上げた人物として知られる。しかもモデルにドレスを着せて、クライアントに宣伝するファッションショーを導入した、時代に先駆けたデザイナーだった。ちなみに、同じ皇妃の身分ということもあって、エリザベートと比較されたナポレオン三世の妃ウジェニーも、ウォルトを贔《ひい》屓《き》にする顧客だった。

　さて、ハプスブルク家ではドレスを保管する慣習がなかったので、実際の〝星のドレス〟の詳細は定かでない。しかも肖像画は肩越しのポーズであるため、デザインもよくわからない。だが肖像画を見る限り、真っ白なドレスは胸から両肩を大胆に開けて、ウエストは細く締まり、スカートの部分は細かいギャザーでふんわりとエレガントにふくらんでいる。

　これはウエストを締めるコルセットのみならず、クリノリン（図版を参照）をドレスの下につけていたからだ。クリノリンは、元は麻布に馬の尾毛を織りこんだペティコートだったが、一八五〇年代後半に針金や鯨のヒゲなどを輪にして、水平に何本もつないでスカートを膨らませるファウンデーション（補正下着）へと進化した。表現は適切でないかもしれないが、提灯《ちょうちん》の木枠のようなものといえば想像しやすいだろうか。

　このクリノリンのお陰で、どんどん大きく膨らんだドレスが流行するようになり、一八六〇年代には最大となった。舞踏会用ドレスはクリノリンの大きさを考慮に入れて、ウエストからフレアやギャザーが工夫され、より優雅なシルエットになっている。あまりにドレスが大きすぎて、ドアを通れなかったという風刺画はその流行を物語っている。

　さて、この星のドレスはドレスデンで実弟の

クリノリン

←エリザベートの星のドレス（1865年、フランツ・ヴィンターハルター画。シシィ博物館提供）

© Bundesmobilienverwaltung / photographer: Gerald Schedy Collection of Bundesmobilienverwaltung, location: Hofburg Palace, Vienna - Sisi Museum

カール・テオドールの結婚式の舞踏会に出席したときのもので、エリザベートと一緒にお供したフランツ・ヨーゼフ一世の弟ルートヴィヒ・ヴィクトール大公が、そのときの様子をウィーンへこう書き送っている。

「目がくらむほど美しく、その場にいた人は誰もが熱に浮かされてしまったようだ。これほどの影響力を与えられる人を見たことがない」

肖像画の中の皇妃エリザベートは、この星のドレスにシルクの透き通ったショールをまとい、扇を手にしている。このときの髪型は「回状スタイル」といい、ざっくりとした房状に編みこんだ髪をメッシュ生地でまとめた皇妃お気に入りのスタイルだ。そこに、ドレスの刺繍と同様のダイヤモンドの星の髪飾りがティアラのようにちりばめられ、なんとも優雅で気品に満ちている。このドレスでくるくるとワルツを舞ったエリザベートはさながら天女のようで、フランツ・ヨーゼフ一世が「天使シシィ」と呼んだのもうなずける。

この日、エリザベートが教会の結婚式に参列したときに着たのは薄スミレ色のドレスで、その上から銀のレースのケープを羽織り、複雑に編みあげた髪にはダイヤのティアラを冠していた。夜の舞踏会では、華やかな白の星のドレスに着替えたのだった。

この時代、絶世の美女エリザベートの評判が評判を呼び、皇妃のファッションがヨーロッパ中から注目を集め、一八五〇～六〇年代のモードの発信地はパリでなくウィーンだったともいわれている。

ここで、皇妃エリザベートのファッションの変遷を見てみよう。

✴婚約時代の民族衣装のドレス

アントン・シュリューゲルの石版画（一八五四年）には、皇帝フランツ・ヨーゼフ一世が櫂《かい》をこぎ、父親のマクシミリアンがチターを弾いて、一緒に舟遊びをしているエリザベートが描かれている。

一五歳のエリザベートが着ているのは、オーストリアやドイツの民族衣装のディアンドルで、本来は胸の部分が大きく開いたエプロンドレス

少女時代のシシィと父マクシミリアン、フランツ・ヨーゼフ1世
（1854年、アントン・シュリューゲル画。シシィ博物館提供）
© Schloß Schönbrunn Kultur und Betriebsges.m.b.H. / photographer: Christoph Mühlbauer

だ。ミュンヘンのビール祭り「オクトーバーフェスト」で、ビール売り娘が着ている衣装といえば、思い出す人もいるだろう。

だが、エリザベートはディアンドルの下に長袖のブラウスを着て胸元は露出せず、逆に大きな半円形の襟が可愛らしさを引き立てている。髪は額の上の部分をやや高く持ち上げ、横はボリュームをもたせて後ろでまとめている。結婚式のときも同じヘアスタイルだったので、これが当時のトレンドで、少女エリザベートが最高におめかししたときのヘアスタイルだったと思われる。

故郷のポッセンホーフェンのシュタルンベルク湖を舞台にしたこの画からは、婚約者の皇帝を迎えた少女の胸の高鳴りが感じられる。また、結婚前の彼女は普段着姿でアクセサリーも簡単なヒモのペンダントひとつだ。ウィーンへ嫁ぐ前のエリザベートは、ほとんど装身具も身に着けていない素朴な少女だった。

結婚式のドレスのトレーン（引き裾の部分。美術史博物館/KHM提供）

＊婚礼前夜の宴のドレス

当時のハプスブルク家のドレスはあまり残されていないなか、現存する貴重なドレスにポルターアーベント（婚礼前夜の宴）で身に着けたとされる衣装がある。ウィーンにお輿入れする前の晩、エリザベートの従兄弟《いとこ》にあたるバイエルン王マクシミリアン二世（在一八四八―六四）も参列したミュンヘンの宴で着たものだ。

　ドレスの素材は薄くて軽いオーガンジーとシルクで、金糸と緑糸で葉っぱの刺繍が左右対称に縫い取られ、ショールにもお揃いの絵柄が刺繍されている。ドレスの胸元は両肩まで一直線に開き、少女エリザベートが着るにふさわしい清楚で可憐なデザインだ。ドレスのスカート部分の真ん中が三角形にスリットし、細いモスグリーンテープがアクセントをきかせてフリルが何十段にも重なり、しかも後ろはトレーン（引き裾《すそ》）になっている。

　また、当時ヨーロッパの宮廷で流行したオリエント趣味も取り入れられ、ドレスにはオスマン帝国のスルタンの紋章と「おお、神よ、何と美しい夢だろう」というアラビア語の刺繍が入っている。だが、婚礼後のエリザベートを待ち受けていたのは、「悪夢」のようなウィーンの宮廷生活だった。

このオリジナルドレスはウィーン美術史博物館に保管されているが、向かいの旧王宮「シシィ博物館」にはレプリカが展示されている。

結婚式前夜の白地に緑の縁取りのドレス（シシィ博物館提供）
© Schloß Schönbrunn Kultur und Betriebsges.m.b.H. / photographer: Sascha Rieger / location: Hofburg Palace, Vienna - Sisi Museum

✴謎多きウエディングドレス

ハプスブルク帝国の若き皇帝カップルの結婚式は、帝都ウィーンのアウグスティナー教会にて盛大に挙行された。

ここで興味をそそられるのがウエディングドレスだが、ヴィンツェンツ・カッツラーの石版画やモード雑誌『アイリス』のイラスト「フランツ・ヨーゼフ一世とエリザベートの結婚式(Hochzeit)」(一八五四年)と題される絵が数点残っているだけでやはり実物は存在しない。しかも、手がかりとなるドレスのデザインはそれぞれ異なるうえ、ドレスの刺繍や装飾品などの細部に至ってはまったく不明だ。

とはいえ、このふたつの絵の共通点からウエディングドレスのデザインを考察してみたい。まず教会における厳粛な儀式とあって、首元は肩を露出させない丸襟で、当時流行の広がった袖にはレースが施されていた。

文献によれば、エリザベートは最高級の絹で織られ金と銀で刺繍された白いドレスを着て、首にはダイヤモンドのネックレスが煌めいていた。また、姑ゾフィーが自らの結婚式で着けたダイヤモンドのティアラを譲り受けて頭上に冠し、縁起のよい白いギンバイカの花(別名「祝いの木」)、オレンジ色のブライダルリース、白バラのブーケを手にしていた。そして、ウエディングドレスをひきずるトレーンは三・八メートルもあったという。当時は身分の高さを誇示するように、長ければ長いほどよいという風潮があった。

宮廷の仕来りにしたがい、皇妃は一度はいた靴や下着は二度と身に着けなかった。また、豪華なドレスは保管せずに他人に譲るか、教会などに寄付する慣習があった。そのため、エリザベートが着た晴れのウエディングドレスは、ウィーン西部のマリア・ターファール大聖堂に譲られ、法衣に作り替えられたことがわかっている。

ただ、ドレスの後ろに取り付けられたトレーンだけは、末娘の大公女マリー・ヴァレリーが保管し、その後一九八九年にウィーンの美術史博物館に寄贈された（六四ページ掲載）。このシルクのトレーンには金糸の縁取りと草花模様の繊細な刺繡が施されている。現存するこの豪華なトレーンから、エリザベートのウエディングドレスがいかに華麗であったかは想像するに余りある。

1860年頃マデイラ島にて、宮廷婦人たちとお揃いのセーラースタイルドレス（オーストリア国立図書館/ÖNB提供）

マデイラ島での自由な生活

ポルトガル領に属するマデイラ島は、首都リスボンから南西に約一〇〇〇キロ、最寄りのアフリカ沿岸から約七〇〇キロ離れた大西洋上に浮かぶ避暑地で、皇妃は〝大西洋の真珠〟と称えられるこの島で八カ月ほど静養した。平均気温二〇度前後の一年中温暖な気候、青い海と明るい太陽の光、可憐な野生の花々、新鮮な果実と海の幸に恵まれ、エリザベートは自らのアイデンティティーを少しずつ取り戻し健康を回復していった。

一八六〇年秋に撮られた、エリザベートが他の婦人たちとなごやかに過ごすマデイラ島での写真がある。水兵用の軍服を模した白いセーラー服風のブラウスに、大きく丸く膨らんだスカート。三つ編みを頭上で巻いてヘアバンドのようにのせ、頭の後ろで弧を描くユニークな髪型をしたエリザベートは、笑顔でマンドリンを弾き、まるで女学生たちが自由時間に戯れているようだ。

皇妃が身分ちがいの宮廷婦人たちとお揃いの装いで楽しむなど、ウィーンの宮廷ではありえない。つまり、皇妃はここでは宮廷の慣習とは一切関係なく、自分が率先してセーラー服風の衣装を仕立てさせたにちがいない。おそらく、港に停泊する外国人の水兵の制服からヒントを得て、ドレスを新調したのだろう。

通常、エリザベートのドレスは、ウィーンの皇室御用達の仕立て専門店ウィルヘルム・ユングマンの最高級の布地から選ばれた。ちなみに一八六六年創業のこの老舗《しにせ》は、現在は高級紳士服専門店としてウィーンで営業を続けている。デザイン、採寸から仕上げまで、ドレスの製作には数カ月かかることもあったが、緊急の場合は、豪華な舞踏会用ドレスでもお針子が三〇人がかりでたった二日で縫いあげることもあったという。だが、ここマデイラでは時間も仕来りも気にならない軽装で、悠々自適に過ごすことができた。

ハンガリー王妃の戴冠式の肖像画
（1867年、ゲオルグ・ラープ作。シシィ博物館提供）
© Schloß Schönbrunn Kultur und Betriebsges.m.b.H. / photographer: Edgar Knaack, Collection of Bundesmobilienverwaltung, location: Hofburg Palace, Vienna - Sisi Museum

✳ハンガリー王妃戴冠式のドレス

一八六七年六月、オーストリア＝ハンガリー二重帝国が成立し、皇帝フランツ・ヨーゼフ一世は国王に、エリザベートは王妃となるべくハンガリーのブダペストにおける戴冠式へと赴く。

このときエリザベートが身に着けたドレスは、ハンガリーに敬意を表してこの国の民族衣装を

ルビーのアクセサリーをつけた肖像画（1879年、ゲオルグ・ラープ作。シシィ博物館提供）

© Schloß Schönbrunn Kultur und Betriebsges. m.b.H. / photographer :Studio Johannes Wagner
Collection of Bundesmobilienverwaltung, location: Hofburg Palace, Vienna - Sisi Museum

模している。やはり「星のドレス」と同じパリで人気を博したウォルトのデザインで、浮き織りの錦に銀の刺繍が施された重々しいものだ。

上半身は黒いビロード素材で、中央の胸からウエストにかけて真珠形のビーズが網目のようにクロスされている。胸元と袖はレースで縁取りされ、肩には大きな白いリボンが飾られている。また、アクセサリーは、ティアラとネックレスがお揃いで、大粒の透明のクリスタルが連なる。そして、頭上に巻いた三つ編みヘアは後ろでエレガントにまとめられ、ヴェールはティアラの後方からドレスと一体となって裾までなびいている。

✴ルビーのアクセサリーをつけた ニューイヤー舞踏会の装い

エリザベートの肖像画「ルビーのアクセサリーと扇をもつガラドレスの皇妃エリザベート」（ゲオルグ・ラープ作、六九ページ）は、盛装した四一歳のエリザベートの端正な立ち姿を描いている。

この装いは皇帝フランツ・ヨーゼフ一世と皇妃エリザベートの銀婚式にあたる一八七九年の一月八日に催された新年の舞踏会のものだ。

白地に金糸と銀糸を使って大胆な花模様が全体に刺繍され、両肩から胸元、スカートの裾と脇は白い毛皮で縁取られている。ウエストは締まり、スカートの部分はタイトで広がらず、後ろに流すタイプのドレスだ。

アクセサリーはティアラ、ネックレス、胸元のブローチ、両手のブレスレットの五つで、お揃いの大粒のルビーの赤色がクリスタルに映えて華やかさを引き立てている。近年、オーストリアのクリスタル宝石店のスワロフスキー社が、クリスタルとルビーを惜しげもなく使い、このアクセサリーを再現している。

このときのエリザベートのヘアスタイルは斬新だ。まず、三つ編みを帽子のように頭上に載せ、その髪に枠をはめるようにルビーのティアラで留めている。前髪は眉の上約三センチでぱっつんと一直線に切りそろえ、細かいウェーヴのかかった長い髪を結いあげずに後ろにまっすぐ垂らしている。

✳ バッスルスタイルのピンクのドレス

エリザベートのものとされる衣装のなかに、一八八〇年代の白地にピンクのドレスがある(七二ページ)。スカートの腰の部分は幅が広がっておらず、後ろのヒップの部分は余裕があって裾が長い。クリノリンが三六〇度スカートを広げる型だったのに対し、これはバッスルスタイルと呼ばれ、腰の後ろだけを盛り上げるデザインだ。

バッスルスタイルには、スカートのヒップの部分を外側に何重にもたくし上げて腰の部分でまとめるものや、中にクリノリンの半分の枠型を入れる方法もあった。一八六八年頃から一〇年ほど流行し、七七年以降は一時廃れたが、八二年に再び復活した。

このピンクのドレスが製作されたのは、一八七九年に皇帝皇妃夫妻が盛大な銀婚式を挙げて、祝典の一環として環状線(リンク通り)をパレードしてから何年かたったあたりの頃だ。過度な装飾はないが、ピンクのラインのような繊細な模様が上品さを引き立てている。

その後、エリザベートは八〇年代の前半はイングランドに長く滞在して狩猟を楽しんだ。八五年には東方諸国へ長期の船旅に出かけ、八七年にはヨーロッパ全土、その年の秋には再びアルバニアとギリシャのコルフ島を巡っている。そんな足跡をたどると、普段着のピンクのドレスはおそらく旅先で着たものと想像される。

✳ オークションに登場したブルーのドレス

二〇一二年、ミュンヘンのオークションに出品されたアンティークのブルードレスが大きな話題を集めた。というのは、ドレスの首の後ろ

皇妃のブルー・コルフ・ドレス
（シシィ博物館提供）
© Schloß Schönbrunn Kultur und Betriebsges. m.b.H. / photographer: Alexander Eugen Koller / location: Hofburg Palace, Vienna - Sisi Museum

ピンクと白の夏のドレス（シシィ博物館提供）
© Schloß Schönbrunn Kultur und Betriebsges. m.b.H. / photographer: Alexander Eugen Koller / location: Hofburg Palace, Vienna - Sisi Museum

に王冠とイルカの刺繍のラベルが付いていたことで、皇妃エリザベートが身に着けていたものと証明されたからだ。

このドレスが発見されたのは、ウィーンから西へ約一二〇キロほど行ったヴィードルフ村に建つセイセネッグ城の屋根裏部屋だった。埃をかぶった箱の中で、何十年も秘め置かれていたのだという。この城は、エリザベートの愛娘マリー・ヴァレリーの死後、その夫フランツ・サルヴァトール・オーストリア大公が再婚したのちに暮らした居城だったので出処は確かだ。箱の中には、ドレスと他の身の回りのものが一緒に保管され、ウィーンのシシィ博物館が三万二〇〇〇ユーロで落札した。

このドレスはコルフ島で着ていたものとされ、そのため「ブルー・コルフ・ドレス」と呼ばれている。ドレスの上半身は、ノーカラーのウエストまでのジャケットのような趣きがあり、首からウエストにかけての逆三角形のシルエットは、純白地に縦のギャザーが入っている。

これは当時流行したハイネックで、パープル系のブルーの帯状のウエストは細く、スカート部分はゆるやかなカーブを描いている。裾にも装飾がついているところが、いかにも王妃のオーダーメイドらしい。普段着用のこともあり、現代に通じるデザインになっている。このドレスは〝砂時計型〟と呼ばれる腰が狭い円錐形のスカートを特色とし、一八九〇年から一九〇〇年にかけて流行したものだ。

一八八八年、皇妃の誕生日でもあったクリスマスに、末娘のマリー・ヴァレリーの婚約パーティーが開催された。だが、この日はエリザベートが公式の場でカラフルな色のついたドレスを着た最後の日となった。というのは、それから一カ月もしないうちに最愛の息子の皇太子ルドルフが、謎の死を遂げたからだ（〝マイヤーリングの悲劇〟）。

皇太子の死後、明るい色のドレスはすべて人に譲り、黒衣のみを身に着けて喪に服していたので、このブルー・ドレスは旅先のコルフ島であつらえたとされる。エリザベートが黒衣を脱いで鮮やかな青いドレスを身に着け、これと同じ色の地中海を眺めていたのだろうか。だとすると、このドレスは皇妃が深い悲しみから立ち直ろうと努力していたことを示す貴重な品といえるかもしれない。

皇妃の乗馬ドレス

黒衣は喪服ばかりでない。エリザベートの黒衣は、乗馬服にも見られる。イングランドの乗馬競技の際は、男性と同じ黒のシルクハットを被り、白いブラウスまたはシュミゼット（襟と胸の部分だけで袖がないシャツ）、その上から黒い燕尾服型のジャケットを着て、下には燕尾服と同じ素材のスカートを穿き、三枚重ねの黒い手袋をはめ、スニーカーのようなレースアップシューズを履いていた。

激しい運動を要求される乗馬でも、ドレスのウエストは極端に細く締まって上半身にぴったりフィットし、スカートは足が隠れる長さだった。エリザベートの凛とした乗馬姿は、その卓越した技術と相まって人々を圧倒した。

当時は女性が馬をまたぐのは、はしたないとされた時代だ。そのためドレスで横乗りできるよう、女性用の鞍の左側には右脚をかける突起があった。

しかし非公式の場では、エリザベートは特製のズボンを穿いて馬にまたがり、野山を駆け巡っていたこともある。このスタイルは、馬に乗るのが大好きだったエリザベートの心をどれだけ解放したか計り知れない。慣習にとらわれず、自分流をとり入れた生き方がファッションにも表れている。

暗殺の日の黒衣

エリザベートは三〇歳の誕生日を迎える前後

黒いジャケット+スカートで乗馬中のシシィ（オーストリア国立図書館/ÖNB提供）

から、写真撮影や肖像画のモデルになることを極端に嫌うようになり、明るい色のドレスをあまり着なくなった。

しかし、その頃の肖像画を見ると、黒衣でもレースやリボンの装飾は凝っていて、エリザベートの美的センスは衰えていない。暗殺前のスイス滞在中の黒衣を着た貴重なスナップ写真が残されているが、残念ながらモノクロなのでドレスの細部に至るデザインや装飾までは判別できない。

だが、暗殺時にエリザベートが着ていた服はハイネックの黒い長袖で、首から胸にかけてギャザーが入ったレースの飾りがついた、ぴったりとウエストラインを強調したロングドレスだったことがわかる。袖にも黒い糸の刺繡の飾り模様が縫い取られていて、地味な黒いドレスながらも豪華さと気品が漂っている。

なお、このドレスの左胸には、今も鋭利なヤスリ状の刃物が付き立てられた痕跡が生々しく残されている。

第V章

馴染みのお店
愛用の品々とお好みのお菓子

ハプスブルク帝国七〇〇年の栄光が輝くウィーンは、王侯貴族の豪奢な石造りの宮殿や歴史を刻んだ壮麗な教会など、エリザベートが生きた一九世紀の街並みが随所に息づいている。

一八五三年、ウィーンは隣接する村々と合併して拡大したが、それ以前はお堀と城壁に囲まれた現在の一区にあたるエリアが都のすべてだった。つまり、今の二三区内のシェーンブルン宮殿やヘルメスヴィラのあるラインツァー動物公園、皇妃が時々散歩したカーレンベルクの丘などエリザベートゆかりの地は、豊かな田園風景が広がる郊外に位置していた。

他方、ウィーンの中心街には天を衝くシュテファン大聖堂が陣取り、ここから南にケルントナー通り、西に高級ブティックが軒を連ねるグラーベン通りが延びる。グラーベン通りを左に折れると、昔の生活がしのばれるコールマルクト（石炭市場）通り、そして王宮へと続く。さらに王宮入口のミヒャエル広場を左に折れると

シシィが好んで散歩したカーレンベルクの丘からの眺め。ウィーンを一望できる

双頭の鷲のモザイク模様が映える、
大聖堂の屋根

ウィーンの街のシンボルであるゴシック様式の
シュテファン大聖堂

シシィがお忍びでショッピングにくり出したグラーベン通りにある、ペスト流行が止むことを祈念したペスト記念柱

王宮で最も古い建造物16世紀のスイス門。かつてスイス人傭兵が警護していた。門をくぐるとウィーン少年合唱団が歌声を響かせる王宮礼拝堂がある

ノイアー・マルクトのドンナーの泉。ハプスブルク家の皇族、シシィも眠るカプツィナー納骨堂前にある

ウィーン・ホーフブルク（王宮）の中庭

王宮ミヒャエル門とミヒャエル広場。コールマルクト通りから正面に現れる

王宮庭園のリンク通り沿いに立つト音記号の花壇とモーツァルト像

バラが咲き乱れるフォルクス庭園にはギリシャ神殿を模した建物も

フォルクス庭園のバラ園からブルク劇場が見える

ウィーンの街を闊歩する白馬の馬車フィアカー

スペイン乗馬学校、ヨーゼフ二世の騎馬像が建つ広場の前の帝国図書館（現オーストリア国立図書館）、その先にはエリザベートが結婚式を挙げたアウグスティナー教会など、旧王宮にちなんだ建物が連なる。

また、ミヒャエル門から王宮へ足を踏み入れると、右にシシィ博物館や皇帝アパートメントなど、皇妃エリザベートが暮らした建物がある。その先、左手にあるルネサンス様式のスイス門をくぐってスイス宮殿内に入ると、ウィーン少年合唱団が天使の歌声を響かせる王宮礼拝堂や、皇帝家の財宝をコレクションした王宮宝物館などがある。

そのほかリンク通り沿いの英雄広場、現在博物館となっている新王宮、モーツァルト像やフランツ・ヨーゼフ一世像のある王宮庭園、エリザベート像が座すフォルクス庭園（市民庭園）など、広大な土地が皇妃エリザベートと皇帝一家が暮らした王宮全体の敷地だった。

お忍びで出かけた菓子店の〝シシィのすみれ〟

エリザベートは公式には、夏はシェーンブルン宮殿、それ以外は現フォルクス庭園に面するアマリエンブルクと呼ばれるウィーン王宮内の一角を住まいとした。

宮殿には大理石の螺旋階段があり、皇妃はそこから警護やお付きの者たちの目を盗んで、街にくり出すのが好きだった。とりわけ、お忍びでK.u.K（カー・ウント・カー／帝室&王室御用達）のコンディトライ（甘菓子店）へ「すみれの砂糖漬け」を買いに行ったことが知られている。

K.u.Kの菓子店だったゲルストナーは、当時はケルントナー通りのシュトック・イム・アイゼン広場の隣にあったが、その後、同じ通りの人気のカフェとなり、現在はウィーン国立歌劇場の近くに引っ越した。現在、丸く平べったい小箱に若かりし頃のエリザベートの肖像を描いたゲルストナーの「すみれの砂糖漬け」は、皇妃の愛称を冠して〝シシィのすみれ〟と呼ばれている。

また、ミヒャエル門の正面のコールマルクト通りにある元王宮ベーカリーで、K.u.Kコンディトライのデメルは「ザッハートルテ」で有名だが、ここにもエリザベートが通ったことから同様の「すみれの砂糖漬け」が置かれている。

＊王室御用達
K.u.Kは「帝室＆王室御用達（Kaiserlicher und Königlicher Hoflieferant)」の略で、オーストリア＝ハンガリー二重帝国時代に最高級の商品を扱っていた店が、御用達店の称号を与えられた。ハプスブルク王朝が終焉《しゅうえん》して久しい二一世紀の現在も、その伝統と品質を保証するこの略称を残している店は多い。

皇妃愛用のデザインが蘇った アウガルテン磁器

ウィーンの北に位置するアウガルテンは、かつてハプスブルク家が狩猟を楽しんだ皇帝の所領地だった。現存する宮殿のひとつはウィーン少年合唱団の本拠地で、もうひとつの宮殿はアウガルテン磁器工房になっている。

オーストリアのアウガルテンは、マイセンに次ぐヨーロッパで二番目に古い磁器工房で、一七一八年に創設された。一七四四年に女帝マリア・テレジアが皇室直属の磁器窯に指定して以来、製品にはハプスブルク家の紋章である盾のブランドマークが刻印されるようになった。当時、白磁の原料にはボヘミアからカオリン（粘土）、スカンジナビア半島から長石、ドイツから石英が取り寄せられ、ヨーロッパの名器の中で最も優雅で繊細といわれるフォルムが完成した。当初は主に絵皿が製造され、宮殿を装飾するためのインテリア芸術として重宝された。

ところがナポレオン戦争の煽りで、初代オーストリア皇帝フランツ一世（在一八〇四―三五／神聖ローマ帝国の最後の皇帝としてはフランツ二世　在一七九二―一八〇六）の時代に、困窮した財政を立て直すため金銀の食器が貨幣の鋳造に転用された。それまで皇帝一家の食卓には、

あどけない肖像画が描かれたゲルストナーのすみれの砂糖菓子“シシィのすみれ”

スープとデザート皿以外は金・金メッキ・銀などの食器が使われていたが、以降、磁器が貴金属に取って代わった。

こうした背景も手伝って、ウィーン会議の開催を前にアウガルテンの磁器工房に公式のディナーに使う金色の食器一式が注文された。夜な夜な舞踏会に明け暮れるヨーロッパ主要国の王侯貴族たちは、晩餐会のテーブルを華やかに彩った磁器に魅了され、自ら工房を訪れた。そして磁器を自国に持ち帰ったことで、アウガルテンの名は広くヨーロッパ中に知れ渡った。

数ある図柄の中で、深い緑色で花々を描いた「マリアテレジア」や、愛らしいピンク色の「ウィーンの薔薇」などはアウガルテンを代表するものだが、エリザベート皇妃専用のテーブルセットは白地に金のラインが入った気品あるシンプルなデザインだった。

一九九八年、皇妃没後一〇〇年を記念して、皇妃がこよなく愛した磁器が「エリザベート」

「エリザベート」シリーズ（アウガルテン社提供）

アウガルテン磁器工房で製造された繊細な磁器はウィーン会議でヨーロッパ中に広まった

深緑が白地に映える
「マリアテレジア」シリーズ

シリーズとして蘇り、ファンを魅了している。

✴ウィーン万博を前に創作されたインペリアルトルテ

一八七三年、オーストリアの近代化を象徴するウィーン万国博覧会が、プラーター公園で開催された。ここはエリザベートがよく乗馬を楽しんだ場所でもある。

世界三五カ国が招かれるなか、日本ははじめて国際万博に出展。一三〇〇坪の土地に日本庭園を造設したパビリオンが好評を博した。このとき普段は公務に疎遠な皇妃エリザベートだが、皇帝フランツ・ヨーゼフ一世に連れ添って日本庭園の反り橋を渡り初めしている。

このウィーン万博に合わせて、海外からのVIPを迎える迎賓館として、皇帝夫妻の臨席のもと開業したのがホテル・インペリアルだ。そしてホテルのオープンの前日に、レストランの見習いのザビエル・ロイブナーが「インペリアルトルテ」を完成し、祝賀に色を添えた。

このサイコロ形のケーキの中身は、マジパンとアーモンドナッツクリームが何層にも重なり、表面はチョコレートでコーティングされている。従来のスポンジケーキやパイとは異なる固いスイーツで、噛むたびに複雑な甘味がジワリと舌に広がる。あれから約一五〇年経った今もレシピは門外不出で、この銘菓の深い味わいにハプスブルク帝国の伝統と栄華が偲ばれる。

ところでウィーン万博では、皇帝フランツ・ヨーゼフ一世が主催した晩餐会に日本使節団も招かれ、なんと皇妃エリザベートの隣の席には団長の岩倉具視《ともみ》が座していたという記録がある。岩倉一行は、アウガルテン製の食器、銀製のカトラリー、ハプスブルク家の秘伝折りの布ナプキンが、おごそかにセッティングされたテーブルで会食にあずかったというわけだ。晩餐会は男女が交互に座る席順であったため、岩倉をはじめとする使節団一行はにわか仕込みのテーブルマナーで、両隣を貴婦人に挟まれて十分に食事を楽しむ余裕もなかったことだろう。

余談だが、政府高官が散切《ざんぎ》り頭に燕尾服、日本女性がバッスルスタイルのドレスに身を包み、

木製の箱入り大型インペリアルトルテと紅茶の詰め合わせセット

シシィが乗馬していたプラーター公園は、ウィーン万博が開催された場所でもある。一番人気の大観覧車

ホテル・インペリアルのカフェで楽しめる高貴な味わいインペリアルトルテ

鹿鳴館でワルツを踊る時代を迎えるのは、このウィーン訪問から一〇年後のことだった。

✳ 肖像画でお馴染みのA・E・ケッヒェルトのアクセサリー〝シシィのダイヤモンドの星〟

おそらくエリザベートファンでなくても、ヴィンターハルターが描いた〝シシィの星〟のドレスを着た皇妃の姿を記憶している人は多いのではないだろうか。

この絵の中の皇妃の髪に輝く星の髪飾りをつくったのが、K.u.Kの宝石アクセサリー店A・E・ケッヒェルトだった。ウィーン会議の年にフランス人の金細工職人が開業したこの店は、一八四九年にK.u.Kの称号を授かり、皇帝や宮廷から信任の厚いアクセサリー店へと成長した。

そして一八五八年、皇帝フランツ・ヨーゼフ一世が愛する皇妃のためにつくらせたのが、ダイヤモンドをちりばめた星形の髪飾りだった。ダイヤモンドの煌きを帯して舞踏会の華と化したエリザベートの名声は、ヨーロッパ社交界に知れ渡り、同時にA・E・ケッヒェルトの名も口の端《は》に上るようになった。

ちなみに、このエリザベートの星形の装飾品には八角と十角の星、また真珠が入ったものなどいくつかのデザインがある。また、この二七個のダイヤモンドの星形の髪飾りは、のちに皇太子ルドルフのひとり娘で、エリザベートの孫にあたるエリザベート・マリーが結婚する際に、嫁入り道具のひとつとして与えられた。

エリザベートが生きた一九世紀後半のオーストリアでは、繊細な草木のイラスト模様に代表されるユーゲントシュティール（アール・ヌーヴォー）が流行したが、A・E・ケッヒェルトのアクセサリーはその作風を先取りしていた。ダイヤモンドと真珠を使って、一八六五年頃に製作されたとされる皇妃のエナメル塗りのブローチは、当時のトレンドを入れた精密な細工が

A.E.ケッヒェルト「シシィのダイヤモンドの星」シリーズ

施されている。

ところでA・E・ケッヒェルトでは、エリザベートの没後一〇〇周年を記念してシェーンブルン宮殿で開催された展示会に、真珠を使った十角の星形の髪飾りを貸し出したところ、盗難に遭ってしまった。しかし、一〇年後に無事に外国で発見され、その後、この髪飾りはウィーンに無事里帰りして旧王宮のシシィ博物館に展示されている。

現在、ノイアー・マルクトにあるA・E・ケッヒェルトの店では、ブローチ、ヘアピン、ペンダントの三種にアレンジできる〝シシィのダイヤモンドの星〟が人気商品で、はるばる日本から求めにやって来る人もいるのだという。

✴エリザベートの船旅用カトラリーの店ベルンドルフ

旧王宮の「皇帝アパートメント」に併設する「シシィ博物館」との共通チケットで、「王宮銀器・食卓調度コレクション」も見学できる。そこには代々の皇族たちが使用した銀製のカトラリーや宮廷晩餐会に使用されたテーブルコレクションが保存されている。

　このコーナーではハプスブルク家のカトラリーのほか、エリザベートがダイエットに使用したアヒルのガラ搾り器など興味深い品々が展示されている。意外なことに、オーストリアでも一八世紀末までナイフ&フォークは非常に貴重なもので、宮廷でも来客の分まで用意できず、晩餐会に招かれた客が各々持参したのだという。

　ウィーン国立歌劇場方面からケルントナー通りをシュテファン大聖堂の裏手へ入ったところに、エリザベートゆかりのカトラリーの店ベルンドルフがある。ここは一八四三年創業の金属製品工場で、のちにK.u.Kの称号を受け、皇妃の船旅のためのアルパカシルバー（洋白。ドイツ製の合金）のカトラリーを製作したことがある。二〇一六年、皇帝ヨーゼフ一世が一七〇七年に創設したドロテウムのオークションに、皇妃エリザベートが船旅で使用したフィッシュナイフ、スープスプーン、フォークの三点セットが出品された。これらのカトラリーには精密な王

K.u.Kのカトラリー店ベルンドルフ

冠とイルカが彫刻されている。しかも皇妃が愛用したと聞けば、シシィファンにとっては垂涎《すいぜん》の品だ。見積もりでは五〇〇～八〇〇ユーロの品だったが、最終的に四五〇〇ユーロで落札された。

ベルンドルフは今もカトラリーを製造しているが、ミュージカル『エリザベート』人気の影響もあってか、皇妃が愛用したカトラリーを「シシィスプーン」と銘打って現代に蘇らせた。このスプーンは、宮廷の厨房のシェフが皇妃のために考案したスイーツ「カイザーシュマーレン」を食べるときに好んで使ったものだ。パウダーシュガーをふりかけられるように、貝殻のシェイプをしたスタイリッシュなスプーンには小さな穴が開いている。二〇一二年のウィーン国立歌劇場での舞踏会では、このスプーンが女性のゲストにプレゼントされ好評を博した。

人気のシシィスプーン。パウダーシュガーをふりかける際に使う

ホテル・ザッハーのオリジナル・ザッハートルテ

ホテル・ザッハーは、映画『第三の男』で主人公が宿泊した伝統ある最高級ホテルだ。ウィ

ディナー用カトラリーセット

王宮銀器・食卓調度コレクションの晩餐会用テーブルセッティング。ハプスブルク家秘伝のナプキンの型

王宮銀器・食卓調度コレクションで展示されている晩餐会用の金のテーブルセット

ーン国立歌劇場裏のフィルハルモニカー通りに位置するため、指揮者のヘルベルト・フォン・カラヤン（一九〇八─八九）やレナード・バーンスタイン（一九一八─九〇）などの音楽家をはじめ、ジョン・F・ケネディ米大統領（一九一七─六三）、モナコ公妃グレース・ケリー（一九二九─八二）などの要人やセレブが定宿としていた。

だが、やはりこのホテルの名前を世界に轟かせたのは、ウィーン菓子の代表ザッハートルテのお陰だろう。ウィーン会議の折オーストリアの外相を務めたメッテルニヒからゲストをもてなすために美味しいデザートをつくるよう命を受けたホテルでは、たまたま料理長が病気だったため、代わりに一六歳の見習いのフランツ・ザッハーがこのトルテの創作にあたった。

どっしり、こってり、しっとりしたケーキのチョコレートは、舌がとろけんばかりに甘い。だが、その脇に添えられているのは甘くない生

ホテル・ザッハーに併設するカフェ・ザッハー。シシィの肖像画が壁に掛かる。地元の人や世界中からの人で賑わう

ホテル・ザッハーの元祖ザッハートルテは、アプリコットジャムと甘くないホイップクリームが特徴。シシィが注文した領収書も残るオリジナル・レシピ

シシィも通ったK.u.Kコンディトライのデメルのザッハートルテとコーヒー。甘さ控えめ

クリームのホイップで、それがケーキの甘さを中和させ絶妙なハーモニーを奏でる。

他方、オリジナルの商標権を巡って裁判で争った老舗の菓子店デメルのほうは、スポンジケーキの生地の表面にチョコレートを塗るだけで間にはアプリコットジャムがなく、カフェでは生クリームはお好みによってオーダーするのが、ホテル・ザッハーとはちがうところだ。


エリザベートは極甘のバターたっぷりのザッハートルテが大好きで、今も皇妃宛のザッハートルテの領収書が保存されている。また、エリザベートはホテル・ザッハーのカフェにも足を運んで、スイーツを楽しんでいた。

そのためカフェ・ザッハーには、ハプスブルク家のスイーツを愛でるように皇妃エリザベートの肖像画がゴージャスな壁に掛けられている。

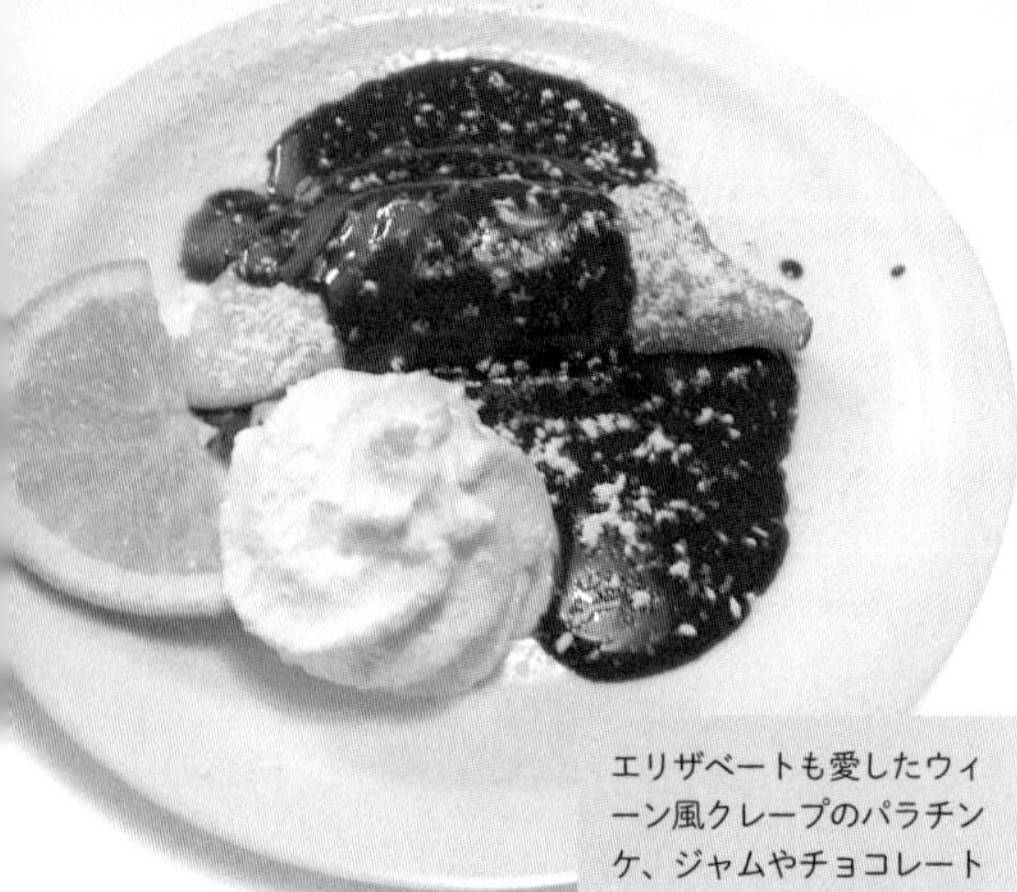

エリザベートも愛したウィーン風クレープのパラチンケ、ジャムやチョコレートにフルーツやアイスクリームを添えて宮廷の味に

第５章の店の住所とウェブサイト

ゲルストナー
Gerstner: Kärntner straße 51
www.gerstner.at

デメル
Demel: Kohlmarkt 14
www.demel.com

アウガルテン

ウィーン１区のショップ
Augarten: Spiegelgasse 3
www.augarten.com

アウガルテン磁器工房とアウガルテン博物館
Schloß Augarten, Das Porzellanmuseum:
Obere Augarten straße 1

カフェ・インペリアル
Café Imperial Wien: Kärntner Ring 16
www.cafe-imperial.at

A.E. ケッヒェルト
A.E. Köchert: Neuer Markt 15
www.koechert.com

ベルンドルフ
Berndorf: Wollzeile 12
www.berndorf-besteck.com

カフェ・ザッハー
Café Sacher: Philharmoniker Straße 4
www.sacher.com

第VI章

エリザベートの心の軌跡

✳ ✳ ✳
✳ ✳
✳

エリザベートの故郷バイエルン（現バイエルン州）の南端に、フュッセンというオーストリアとの国境の町がある。ここは中世さながらの町々を結ぶロマンティック街道の終点であり、同時にかつてはローマ帝国へ向かう街道の起点であった。

この町に伝わる不気味な絵画に出会ったのは、バイエルン王ルートヴィヒ二世が建設したノイシュヴァンシュタイン城に行った帰り道だった。

聖マンク修道院の礼拝堂に足を踏み入れると、係員が「ほら、あそこの壁にありますよ」と尋ねてもいないのに指さした先には、一連の絵画

ドイツ南端フュッセンの聖マンク修道院。聖アンナ礼拝堂には「死の舞踏」の絵画がある

ベートーヴェンが音楽監督も務めたアン・デア・ウィーン劇場。ミュージカル『エリザベート』を上演中

上演広告

が掛かっていた。薄暗い壁に、ほのかに浮かび上がる二〇枚の絵は、皇帝、農民、商人、貴婦人、子どもなど、様々な地位や職業の人々が骸骨とダンスをしているものだった。芸術的な絵画というよりは、風刺画、四コマ漫画が並んでいるようにも見えた。有名な壁画らしいことは察しがついたが、そのときは特に気にも留めず、絵のことはすっかり忘れてしまっていた。

それからしばらく経ってから、ウィーンでミュージカル『エリザベート』を観たとき、ふとあのときの壁絵が脳裏に蘇った。気になって調べてみると、壁画のタイトルは『フュッセンの死の舞踏』（"Der Füssener Totentanz"）で、一つひとつの絵には、それぞれ「トート（死）と皇帝」「トートと農夫」「トートと商人」……という解説が付いていた。

「死の舞踏」とは、一四～一五世紀のヨーロッパに広まった寓話で、死を前にした人が恐怖で

シシィが育った自然に囲まれたポッセンホーフェン城

狂乱し踊り続けるフランスの詩が基になっている。また、どんなに身分の高い人でも命の灯が消えてしまえば、生前の地位・肩書・名誉・財産といったものはすべて無に帰し、誰もが同じ骸骨になる、という死生観を暗示している。舞踏のモチーフは、生と死のアンビバレンス。ミュージカル『エリザベート』は、まさに「トートとエリザベート」が踊る絵画のようだ。〝生と死〟の狭間で揺れ動き、〝皇妃とひとりの女性〟との間で葛藤しながら生きぬいたエリザベートの人生には、常にトートがつきまとった。そして、またエリザベートの人生は、日の沈まぬ帝国としてヨーロッパに君臨したハプスブルク帝国の「死の輪舞」とも重なり合う。

✳少女時代——運命の出会い

エリザベートが生まれたときにはすでに一本歯が生えていて、これは幸運な星の下に生まれた徴《しるし》として祝福された。誕生日が一二月二四日

ポッセンホーフェン駅

ポッセンホーフェン駅に併設された皇妃エリザベート博物館

のクリスマス・イヴの日曜日であったことも、特別な運命を予感させた。

　エリザベートはこの自分の生まれについて、のちにこんな詩を残している。

わたしは日曜日の子、太陽の子供
太陽が黄金の光で
　わたしの玉座を織り上げる
その輝きでわたしの王冠を編む
太陽の光の中こそ、わたしの住むところ

（『エリザベート　美しき皇妃の伝説　上』朝日文庫・中村康之訳）

公爵家とはいえ王位継承権のない傍系の家柄だったため、リベラルな両親の教育の下、湖や野山の自然の中で、エリザベートは近隣の子どもたちと一緒に遊び育った。特に父親のマクシミリアン公は読書好きで学者肌の旅を愛する自由人で、エジプトでピラミッドを見学したりもしている。エリザベートの放浪癖は、父親ゆずりといえるかもしれない。

　少女時代のエリザベートはお世辞にも美人とはいえない顔立ちで、母親のルドヴィカが将来嫁のもらい手があるかどうかと案じたほどだった。その頃の特筆すべき出来事としては、エリザベートの遊び仲間だった初恋の少年（パウムガルテン伯爵の子息）が病気で亡くなり、幼くして死への怖れを抱いたことだ。

　のちに使用人として雇われた伯爵に恋したが、

身分ちがいのため、娘を案じた両親が伯爵をクビにしてしまう。そのことが原因でふさぎがちなエリザベートの気晴らしになればと、母親がバート・イシュルへ連れ出した。だが、姉のお見合いの席で、妹のほうが皇帝に見初められるのだから、人生なにが起こるかわからない。

一方、弱冠一八歳で皇帝の冠を授かったフランツ・ヨーゼフ一世はエリザベートに「ひと目惚れ」したのだが、以下、結婚に至るまでの紆余曲折を記しておこう。

まず、大公女ゾフィーが手塩にかけた息子の妃候補に挙げたのは、プロイセン国王フリードリヒ・ヴィルヘルム四世（一七九五―一八六一／在一八四〇―六一）の姪のマリア・アンナ王女だった。群雄割拠するドイツ諸侯の中で擡頭《たいとう》してきたプロイセンと友好関係を築こうという目論見もあったが、実際、フランツ・ヨーゼフ一世がベルリンを訪れたときに、美人の誉れ高く、教養も申し分のない王女に心を奪われたのは事実だ。

ところが、プロイセンからは「非公式に婚約している」との返事が届く。王女の嫁ぎ先は、ヘッセン＝カッセル＝ルンペンハイム方伯のフリードリヒ・ヴィルヘルム（一八二〇―八四）で、先妻を亡くした後の再婚相手だった。このフリードリヒ・ヴィルヘルムはオーストリアを含めたドイツ統一を掲げ、普墺戦争ではオーストリア側について戦った。プロイセンを中心とする〝ドイツ帝国〟が成立すればオーストリアはライバルとなるため、オーストリアを排除してドイツの統一を成し遂げたいプロイセンは、フリードリヒ・ヴィルヘルムを抱きこむ政略結婚を企んでいたことになる。

もしもプロイセン王女とフランツ・ヨーゼフ一世の縁談が成立していたら、のちの普墺戦争は起こることなく、プロイセン王がドイツを統一してドイツ皇帝になることもなく、ハプスブルク家の運命はちがったものになっていたろう。

皇帝との出会いを記念してバート・イシュルに立てられた、皇妃エリザベート像

バート・イシュルでの婚約式の後、小旅行に出かけた思い出のハルシュタットは世界文化遺産の地

第二のお妃候補に挙がったのは、大ドイツ主義（オーストリアを含めたドイツ帝国）を掲げて、オーストリアと良好な関係を保っていたザクセン王国の王女シドーニアだった。しかし、王女が病弱だったこともあり、フランツ・ヨーゼフ一世のほうで乗り気がせず、お見合いには至らなかった。

三番目に白羽の矢が立ったのが大公女ゾフィーの姪で、バイエルン公の娘のヘレーネ、つまりエリザベートの姉だった。実は、一八四八年にオーストリアのインスブルックで、エリザベートは姉のヘレーネと一緒に、フランツ・ヨーゼフとその弟のカール・ルートヴィヒ（一八三三―九六、オーストリア大公）に会っている。これは、のちに義母となるゾフィーとシシィの母親のルドヴィカ姉妹が、それぞれふたりの子どもを連れて休暇を共にしたということでなく、ゾフィーにはすでにこのとき一四歳のヘレーネを品定めする心積もりがあったと思われる。

そして、一八五三年二月にいよいよウィーンの舞踏会で皇帝フランツ・ヨーゼフ一世とヘレーネのお見合いの手筈が整えられた。ところがその当日の昼、フランツ・ヨーゼフ一世が城壁を散歩しているところを暴漢に切りかかられ、首から胸を刺されて重傷を負った。幸い、間一髪のところで一命は取りとめたが、革命を推進するハンガリー人による暗殺未遂事件で急遽舞踏会は中止となり、お見合いは流れてしまった。

しかし合縁奇縁、エリザベートは運命の糸に手繰《たぐ》り寄せられるように、バート・イシュルで従兄弟との再会を果たす。叔母の葬儀に出た足で会場に直行したエリザベート、姉ヘレーネ、母ルドヴィカの三人は黒い喪服のままだった。よそゆきのドレスを積んだ馬車の到着が遅れたこともあり、着替えのドレスもないまま、エリザベートは自分で髪を簡単に整えただけの姿で皇帝との謁見に臨む。

ところが皇帝フランツ・ヨーゼフ一世は、この地味な黒いドレスを着た飾り気のない少女が気に入った様子だった。しかもディナーでは彼女の旺盛な食欲を頼もしく微笑んで見守り、出席した誰の目にも皇帝がエリザベートにご執心であることは見てとれた。そして、舞踏会でも意中の人と踊るラストダンスで皇帝の腕に抱かれて踊っていたのはエリザベートだった。

「あの人が仕立屋だったらよかったのに」とは、姉をさしおいて求婚されたエリザベートが、戸惑った挙句にしぼりだした本音だったにちがいない。すらりとした体軀にブロンドの髪、白い軍服のフランツ・ヨーゼフ一世は、輝くばかりの〝白馬に乗った王子様〟だった。だが、愛をささやかれる歓びよりも、むしろ彼女を困惑させたのは、フランツ・ヨーゼフが一身に背負うハプスブルク帝国皇帝という重責だった。

翌春、一六歳のエリザベートは、手作りのプレゼントを親しい人々に手渡して別れを告げる。皇妃になったら、そんなふれ合いはもうできな

シシィがお輿入れしたドナウ河沿いのハイライト、バッハウ渓谷の村。お輿入れのときと変わらぬ風景。両岸の村人たちから祝福の歓呼が送られた

くなってしまうのだから。ミュンヘンの凱旋門から馬車に揺られ、ドナウ川を船で下ってウィーン宮廷へとお輿入れする。約三日にわたる結婚式の行事は厳格な仕来りに則って執り行われ、慣れない作法と好奇の目に晒されながら、エリザベートは心身ともに疲れ果てるのだった。

シシィがお輿入れのとき馬車でくぐったミュンヘンの凱旋門

ウィーン、ヌスドルフのドナウ河波止場。シシィが到着したとき、皇帝は船に飛び乗って歓迎した

ウィーンに嫁いで間もなく、強い孤独を感じたエリザベートはホームシックになった。そんな心情を詠ったのが「憧憬」という詩だ。

また若々しい春が巡ってきた
そして木々を鮮やかな緑で装い
そして小鳥に新しい歌を教え
そして花をいっそう美しくほころばせる

けれどわたしに春の喜びが何だろう
こんな遠い異国の地にあるというのに
わたしは故郷の太陽を
イザール川の岸辺を恋い慕う

(『エリザベート　美しき皇妃の伝説　上』朝日文庫・中村康之訳)

抑圧
――新婚時代　牢獄のような宮廷生活

新婚時代、エリザベートはハプスブルク家の家訓に則り、都から離れたラクセンブルク城で夫と暮らした。結婚式後、エリザベートの父母や姉弟は帰国してしまい、夫のフランツ・ヨーゼフ一世は皇帝の職務を休むことなく、毎日馬車で約二〇キロ離れたウィーンの宮廷へと出仕した。エリザベートは慣れないウィーンでひとりぼっち。いや、そればかりかお妃教育を叩きこもうと手ぐすね引いて待っていた姑ゾフィーと、姑の側近の皇妃付きの女官たちが四六時中かしずいていたのだから、エリザベートにとってはたまったものではない。

皇妃となったエリザベートは、着替えをするにも自分は立っているだけで、衣服に手を触れてはならず、お付きの女官に任せるというのに戸惑った。着替えを他人に見られるのもはじめての経験で、恥ずかしかったのだ。それほどシャイな性格だったから、結婚式後の翌日の朝食のときにエリザベートが席をはずしてから、ゾフィーが根掘り葉掘り息子から昨晩の首尾を聞き出したことを知って、いたたまれない気持ち

代々のハプスブルク家の結婚式が営まれたウィーン、アウグスティナー教会。シシィもここで結婚式を挙げた

になった。ミュージカルでは、「昨日は何もなかったそうね」とゾフィーに皮肉たっぷりに言われ、エリザベートが恥ずかしさと屈辱でいっぱいになる場面にあたる。だが、実質的な皇帝とエリザベートの初夜は三日目だった、ということは宮中の誰もが知るところだった。

「ウィーン宮廷でただ一人の男」と呼ばれた百戦錬磨のゾフィーと、公爵家に生まれながら公女らしき躾《しつけ》をされていないエリザベートでは、最初から嫁のほうの分が悪かった。もっともゾフィーのほうでは、幼い頃から息子に帝王学を叩きこんで立派な皇帝に育て上げたように、実の姪のエリザベートにも理想の皇妃になってもらおうと、厳しくなってしまう面もあったのだろう。

　ここでゾフィーについて少し触れておこう。父はドイツの名門ヴィッテルスバッハ家のバイエルン最後の選帝侯にして初代国王マクシミリアン一世（一七五六―一八二五／選帝侯・在一七九九―一八〇五、国王・在一八〇六―二五）で、ミュンヘンのニンフェンブルク城に生を享《う》けた。異母兄ルートヴィヒ一世が手掛けた宮殿の「美人ギャラリー」に、彼女の肖像画がコレクションされるほどの才色兼備の王女だった。

　のちに将来皇帝の座が期待されたハプスブルク家のオーストリア大公フランツ・カールに嫁いだのだが、知的障害のある長兄フェルディナント一世を立て、メッテルニヒ伯爵（外相、のちに宰相）が実権を握る時代が続いた。ようやく潮目が変わるのは、ウィーン三月革命で政権が退陣に追い込まれ、メッテルニヒがイギリス

ミュンヘンにあるバイエルン王家の居城ニンフェンベルク城。白鳥が優雅に泳ぐ池はまさに妖精（ニンフ）の城。姑ゾフィーはここで生まれた

に亡命したときのことだ。

フェルディナント一世が退位すると、国王の弟のフランツ・カールを退け、息子のフランツ・ヨーゼフ一世を立てたのが、大公妃ゾフィーその人だった。つまり凡庸な夫ではなく、自分が皇妃となる野望も夢も捨てて、息子にハプスブルク家の再興を託したのだった。

皇妃となった若いエリザベートのほうは、そんな姑の長年の苦労や努力など思いやれるはずもなく、朝から晩まで一挙手一投足を監視される生活に悲鳴をあげた。あるとき、見張り付きの城にいるのが耐えられず、夫フランツ・ヨーゼフ一世に頼んでウィーンの宮廷の書斎まで付いていき、一日中皇帝のそばで過ごしたことがあった。

それを知ったゾフィーは怒り心頭、もってのほかの行為とエリザベートを糾弾するが、「皇帝のそばにいるのが皇妃の務め」と反省の色もない。エリザベートと結婚するまでは一〇〇パ

ーセント母親に従順だった皇帝が、妻の肩を持つこともあった。母としては息子に裏切られたような思いがしたにちがいない。ハプスブルク家の仕来り云々を超えて、息子が自分に歯向かって小娘を大事にすることにゾフィーは我慢がならなかった。

一方、エリザベートは愛する夫、ただひとり異国の地で頼りになる夫が、姑のイエスマンであることを知って愕然とする。そのうえ自分は政治のことなどなにひとつわからず、宮廷で誰も自分のことを理解する者もなく、ただ冷たい視線が向けられ、着せ替え人形のように過ごす皇妃の務めに耐えられなかった。そんななか、皇妃として公の立場でできる乗馬が唯一のなぐさめで、エリザベートは思いきり疾走して憂《う》さを晴らした。ただ、それも妊娠の妨げになるからとのちに姑に禁止された。失った自由に気づいたエリザベートは、宮廷を牢獄に見立てて嘆いた『共感』と題した詩を詠んでいる（抜粋）。

牢獄のなかで目覚めると
両手に鎖
わたしの願いはさらに強くなり
そして自由、お前は私を見捨てた
わたしは歓喜から目が覚める
わたしの心をとりこにしたものから
わたしはむなしくこの交換を呪う
自由よ！　お前を賭けて失くしてしまった

（『エリザベート　美しき皇妃の伝説　上』朝日文庫・中村康之訳）

ウィーン宮廷の仕来りと皇妃の務め

すでにエリザベートがお輿入れした前年に、ロシア帝国とオスマン帝国の間でクリミア戦争が勃発。日頃、母親と新妻の板挟みでどっちつかずの皇帝フランツ・ヨーゼフ一世だったが、オーストリアの危急の国難に際しては、政治に関する相談役として母親ゾフィーを頼りにした。そんな折、孤独に苛まれながらもエリザベートは、皇帝フランツ・ヨーゼフ一世とボヘミアのメーレン（チェコ東部）を訪問。メーレンでは、学校、孤児院、救貧院などを訪問し、「国民の母」として熱い歓迎を受ける。

大公妃ゾフィーを後ろ盾とする皇帝フランツ・ヨーゼフ一世の政策下では、自治権や独立を勝ち取ろうとする革命家は謀反人として厳罰に処された。そのため、厳しい刑に処された革

皇帝フランツ・ヨーゼフ１世時代に建設されたユーゲントシュティール様式のカールスプラッツ旧駅舎

ウィーン西駅にあるシシィ像。ここからお召し列車で旅に出かけた

シェーンブルン宮殿近くの皇帝・皇妃専用のお召し列車用パビリオン（駅舎）。オットー・ワーグナー設計のユーゲントシュティール

命家たちに恩赦が下りると、人々はエリザベートのお陰だと皇妃に感謝した。

　しかし、姑のゾフィーはエリザベートのリベラルな考え方がハプスブルク帝国を根幹から危うくすると警戒し、皇帝に余計なことを吹きこまないよう、エリザベートにますます厳しい目を光らせるようになった。

　ところで新米皇妃の日課は、ダンスのレッス

14世紀に建造されたカレル橋

ヴルタヴァ川岸から望むボヘミアのプラハ城。14世紀に建造されたプラハの象徴。シシィが皇妃として初訪問した

ン、外国語の習得、会話術をはじめ、侍従長から社交界の噂話をひたすら聞くという講義まで多岐にわたった。実際、宮廷の貴婦人たちの話題は、もっぱらファッションと王侯貴族たちの惚れた腫れたの恋や不倫の噂話。エリザベートにとって宮廷は退屈な場所というだけでなく、〝マナーを知らない田舎者〟あるいは通り一遍の受け答えに対し、「低能」とまで陰口を言われて自尊心を傷つけられる耐え難い場でしかなかった。

　しかも、ファーストレディーという宮廷婦人最高の地位にあったため、ゾフィーから親しい人物をつくらないよう厳命されていた。表向きは皇妃の地位を傷つけてはならないというのが理由だが、実際のところ姑の取り巻きの貴族たちが皇妃になびくことをけん制する意味もあったのだろう。

　結婚の翌年、待望の赤ちゃんを身ごもるが、エリザベートは姑からマタニティードレスを着て、大きなお腹で公衆の前に出るよう強いられた。ゾフィーにしてみれば若い可愛らしい皇妃が懐妊の姿を披露することで、国民に皇室への親近感を抱かせ、ひいてはハプスブルク家の安泰につながるとの目算があった。逆に内向的なエリザベートは、そんな姿を見せるのは公開処刑のようにいたたまれなく、姑への嫌悪感をいっそう募らすのであった。

抵抗

――出産と娘・第一王女の死

エリザベートは、結婚の翌年、第一王女ゾフィーを出産。母となった喜びもつかの間、宮廷の慣例で育児は乳母にゆだねられ、姑ゾフィーの監視下に置かれた。その翌年には、続けて第二王女ギセラを出産したが、やはりエリザベートの手元に置くことは許されなかった。

ウィーンの宮廷生活を嫌ったエリザベートは、皇帝フランツ・ヨーゼフ一世がハンガリーを公式訪問する際、強引に一歳一〇カ月と一〇カ月の幼いふたりの娘を連れて旅に出る。ウィーンの宮殿を離れ、愛する夫とふたりの我が子と家族水入らずで過ごす時間をエリザベートはどんなに夢見てきたことだろう。

そこでは夫にも子どもたちにも愛情を注ぎ、妻として母として充実した時間を持てるはずだった。もしこの旅行がうまくいけば、きっと皇帝は母親よりも妻子を大事に考えてくれるだろう。エリザベートにとって、姑ゾフィーに対する反転攻勢のチャンスとなる大事な旅だったにちがいない。

ウィーンからブダペストまではドナウ川を下る船旅だったが、幼子にとってははじめての異国の旅は決して楽なものではなかった。そのため、ブダペスト訪問中にゾフィーとギセラのふたりとも病気に罹ってしまう。

随行していた医師がブダペストで看病するが、その甲斐なく長女のゾフィーは病死する。エリザベートは、我が子を亡くしたことで自責の念にさいなまれ悲嘆にくれる。

以来、子どもを自分の手元に置くことを完全に諦め、抜け殻のようになったエリザベートは、実家の母ルドヴィカのもとに身を寄せるのだった。以前から不安定な精神状態だったが、この第一王女ゾフィーの死はエリザベートをさらに追い詰めることになった。

離婚の危機
――マデイラ島・コルフ島で病気療養

一八五八年、エリザベートは結婚四年目で待望の男子、皇太子ルドルフを難産ながら無事に出産した。ようやくエリザベートはハプスブルク家待望のお世継ぎを産み、皇帝、姑、国民から大いに祝福を受け、大きな役目を果たした。ただ、皇太子の養育は当然のことながら、姑ゾフィーの手に委ねられた。

その翌年、ハプスブルク領内のイタリア各地で独立運動が起き、皇帝フランツ・ヨーゼフ一世は鎮圧のために自ら戦地へと赴く。しかし、戦況はオーストリアにとって不利なうえ、皇帝の見通しの甘さも露呈し敗戦が続く。皇帝の戦争におけるリーダーシップのなさ、采配ミスに、国民の皇帝への信頼は地に落ちて評判はがた落ちとなる。

かたやエリザベートは夫の身を案じ、しかもウィーンの宮廷にひとり残された不安から健康状態は再び悪化した。そんなときに心を癒されたのが乗馬で、不安を吹き払うように、一心に乗馬の跳躍に打ちこむのだった。

結局、オーストリアはイタリア統一戦争に敗北し、ロンバルディアとのちにヴェネツィアを失うことになる。当然、フランツ・ヨーゼフ一世には心の余裕などない。エリザベートの話に耳を貸さない夫に不満は募り、すれ違いの夫婦はやがて冷戦状態に。そんな折、夫の浮気を知り、エリザベートは怒り心頭に発して再び実家へ戻る。どこから聞きつけたのか、ウィーンでは〝皇帝夫妻が離婚の危機〟にあるという噂が流れた。

ウィーンに連れ戻されたエリザベートは心身を病んで咳が止まらず、深刻な鬱状態にあり、近しいドイツの実家の主治医の勧めで、気候の

シシィが愛したハンガリー、
“ドナウの真珠ブダペスト”
に架かるくさり橋

ドナウ川を見下ろすブダの王宮

ハンガリー王冠

ハンガリー、フランツ・ヨーゼフ１世とエリザベートのハンガリー王国の戴冠式が行われたマーチャーシュ教会

よいマデイラ島へ長期療養の旅に出る。表向きは主治医の勧めということだが、おそらく皇帝の弟のマクシミリアンが、船でマデイラ島に立ち寄ったときの様子を面白おかしく話していたのを覚えていたのだろう。

マデイラ島はアフリカ大陸に近い、大西洋上の亜熱帯気候の島だが、エリザベートはウィーンからできるだけ遠く、しかも他のヨーロッパ諸国の王侯貴族に会う必要がない土地をと、精一杯頭を巡らして考えたにちがいない。だが、姑のゾフィーに話しても絶対反対されるのはわかりきっていたので、主治医を介して意志を通したものと思われる。

姑ゾフィーとしては、前例のない皇妃の孤島での療養とハプスブルク家の存続を天秤にかけ、しぶしぶ転地療養を承諾したようだ。他方、フランツ・ヨーゼフ一世は、ハプスブルク領内の温泉保養地や風光明媚な海辺の地を薦めたが、エリザベートはウィーンから遠い地を選んだ。

エリザベートの病気は肺炎ともいわれたが、現代の医学では精神的なストレスからくる喘息ではなかったか。もしそうであれば、一年中温暖で空気のよいマデイラ島は理想的な保養地だった。かくして、エリザベートは故郷の主治医の力を借りてウィーン宮廷脱出を成功させたのだった。

自信を回復
――王侯貴族たちから羨望のまなざし

一八六二年八月、皇妃は療養先からウィーンに帰還し、シェーンブルン宮殿まで松明《たいまつ》行列で迎えられた。マデイラ島の後、コルフ島（現ギリシャ）にも滞在したエリザベートの長期療養は、ウィーンへの一時帰国をはさんで足掛け二年にも及んだ。

皇妃が帰国するにあたり、ウィーン宮廷では結婚当初から女官長だったエステルハージ伯爵夫人に代わり、ケーニヒセッグ伯爵夫人が付い

リンク通り沿いの古代ギリシャ神殿を模した国会議事堂は、皇太子ルドルフに王女が誕生した1883年築

かつて王宮とつながっていたドイツ語劇の殿堂ブルク劇場。クリムトの天井画が有名

ハプスブルク家の絵画の至宝が蒐集されるウィーン美術史博物館

た。ウィーンに落ち着いたエリザベートは、ファニー・アンゲラーを皇妃専用ヘアドレッサーとして抜擢し、またのちに忠実な部下で友人となるハンガリー貴族のイーダ・フェレンツィを皇妃付きの女官に任命した。

　本来、好きなことに夢中になる性分のエリザベートは、お付きの者が皇妃の髪の手入れをしている時間をハンガリー語の習得にあてたりした。そして、ますます自分磨きに力を入れ、宮殿に本格的なジムナスティック用具を設置して、日夜トレーニングに励むようになった。また、フェイス・ヘア・ボディケアのための天然化粧水をつくったり、ダイエットや断食までして、美を追求した。長期療養から戻ったエリザベートは、自分の生きる道を一歩大きく踏み出したのだった。

　やがてエリザベートの美貌は、ヨーロッパから世界へと知られるところとなり、自信と威厳を備えた堂々とした立ち居振る舞いとなっていく。ただし、公の皇妃としての役目は、できるだけ遠ざけてはいたが。

一八六五年、ウィーン市を囲む城壁とお堀を取り払った場所に建設していた環状線（リンク通り）が完成し、皇帝夫妻は開通式に参列する。現在ウィーン一区を彩るこのリンク通り沿いの、美術史博物館、自然史博物館、国会議事堂、市庁舎、ブルク劇場などの華麗なる建築群は、この時代に建設されたものだ。いわば、リンク通りはハプスブルク帝国の栄華を今に残す皇帝フランツ・ヨーゼフ一世の遺産ともいえる。

一八六六年に普墺戦争でオーストリアが敗北すると、プロイセンはオーストリアを排除した小ドイツ主義でドイツ帝国統一へと向かう。他方、孤立したオーストリアは、帝国内の異民族の独立問題で揺れるなか、エリザベートはフランツ・ヨーゼフ一世と共にハンガリーに長期滞在する。このとき死刑を求刑されて亡命していた革命家のアンドラーシ伯爵やデアーク・フェレンツ伯爵に恩赦を与えるよう暗に働きかけたうえ、エリザベートは皇帝との間を仲介し、ハンガリーの国を支援していく。

こうして一八六七年、エリザベートの尽力もあって、オーストリア＝ハンガリー二重帝国が成立。ハンガリーを愛し、ハンガリー語を流暢に話すエリザベートは、ハンガリーの国民から熱狂的に迎え入れられた。

失意——家族の非業《ひごう》の死

晩年、エリザベートの人生には多くの近しい人々とのつらい別れが待っていた。同時に、それはハプスブルク家の凋落《ちょうらく》であり、メキシコ皇帝に就いたフランツ・ヨーゼフ一世の実弟のマクシミリアーノ（在一八六四—六七／一八三二—六七、マクシミリアン大公）の死がプロローグとなった。

ベルギー王家出身の妃シャルロッテが熱望し、

ナポレオン三世の後押しでマクシミリアン大公は、一八六四年六月にメキシコ皇帝として新天地の土を踏んだ。それからわずか三年後、独立派の攻勢にフランス軍は撤退し、三五歳の若き皇帝は置き去りにされ、銃殺されてしまった。姑ゾフィーがエリザベートと比較してほめそやしたシャルロッテ妃は生きのびたものの心を病み、二度とウィーンの宮廷に戻ることはなかった。

フランス革命以来、君主の最期を見聞してきたエリザベートにとって、もはや対岸の火事ではなかった。歴史には「もしも」という言葉はないが、もしもマクシミリアンとフランツ・ヨーゼフ一世の兄弟仲がよければ、あるいはシャルロッテ妃が皇妃という地位に執着しなければ、おそらくマクシミリアン大公はメキシコ皇帝の冠を戴くことなく、運命はちがったものになっていたはずだ。

だが、そんな思いはむしろエリザベートより母親のゾフィーのほうが強く、息子をメキシコに送り出したことを悔やんでも悔やみ切れなかった。事実、マクシミリアンの死からめっきり老けこみ、宮廷の行事から身を引いていった。

姑に散々苦しめられてきたエリザベートだが、次第にゾフィーへの同情の念が芽生えていく。それから五年後、ゾフィーが肺炎でこの世を去るにあたり、病床の彼女を看病していたのはエリザベートだった。時にゾフィーは六七歳、エリザベートは三四歳だった。しかし、宮廷を嫌う最大の原因だった姑がいなくなっても、皇妃が宮廷に自分の居場所をつくろうとすることはなかった。

時は流れ、ウィーンのヘルメスヴィラが完成した一八八六年六月、衝撃的な報せが舞いこんだ。エリザベートの親戚ヴィッテルスバッハ家のバイエルン王ルートヴィヒ二世が、シュタルンベルク湖の浅瀬で遺体で発見されたのだ。ルートヴィヒ二世とエリザベートは共に宮廷の窮

シシィも訪れた、バイエルン王ルートヴィヒ2世が建築したノイシュヴァンシュタイン城

屈な人付き合いが苦手で、芸術を解し、美に魅かれ、夢見がちで現実逃避的なところなど共通点が多く、互いを深く理解する間柄だった。

ルートヴィヒ二世は普墺戦争や普仏戦争で多くの人民を失ったことで心を痛め、国王でありながら政治から逃避。ひっ迫する財政難にもかかわらず巨額の国費を充てて、ノイシュヴァンシュタイン城の建設に夢中になっていた。そんな国王を退位させるため、ルートヴィヒ二世は精神錯乱と診断され、シュタルンベルク湖畔のベルク城に幽閉された直後の出来事だった。

そのときエリザベートは実家のポッセンホーフェンに近いベルク城の対岸の宿舎に滞在し、ルートヴィヒ二世をなんとか助け出そうとしているところだった。この事件は王の自殺、水死事故、他殺と諸説あるが、今も謎の死として真相は深い霧に包まれたままだ。

一八八八年、これに追い討ちをかけるように、エリザベートが子どもの頃から最も影響を受け、慕っていた父親のマクシミリアンが亡くなる。

また、同年一二月に四人目の子どものマリー・ヴァレリーが婚約し、翌年八月にオーストリア=トスカーナ大公フランツ・サルバトールと結婚して宮殿を出る。この結婚は貴賤結婚だったので周囲の反対にあったが、本人の希望を尊重して力となったのが母親のエリザベートだった。自由主義者の兄ルドルフでさえこの結婚に反対し、誰も味方がいないなか、皇妃は一番の理解者だった。エリザベートは末娘のマリー・ヴァレリーだけは手元に置いて養育し、一緒によく旅もしていたので、マリーには人一倍深い思い入れが強かったはずだ。

しかし、エリザベートの人生で最も堪えがたい過酷な出来事は、息子ルドルフの死だった。ルドルフは皇太子でありながらウィーンのカフェ・ハウスに出入りし、ここに入り浸る王政反対派の芸術家や知識人たちに影響され、父（皇帝）と息子（皇太子）の溝は深まるばかりだった。そんな皇太子は、一八八九年の一月の寒い日に帰らぬ人となった。

カトリックでは自殺を禁じ、自殺した者を聖なる墓地に埋葬することを拒んだこともあり、公式には心臓発作と発表された。生来、内向的な性格のルドルフは自由主義に傾倒し、自身が皇帝となることに疑問を持っていた。エリザベートはそんな皇太子の苦悩を聞いてやれず、死に追いやってしまったことを心から悔いた。加えて、バイエルンのヴィッテルスバッハ家には、精神的な病を発症している者が少なからずいたことで、狂気、あるいは自殺に至らしめてしまった自身の血を呪った。

たったひとりの息子であり、またハプスブルク家にとっては王位継承者を失ったことで、エリザベートは苦悩に沈んだ。その悲しみが生涯癒えることがなかったのは、前述したようにエリザベートが明るい色のドレスをすべて処分し、以後、黒い喪服だけで通したことがそれを物語っている。

なお、ベルギー王レオポルド二世の次女と結婚し一女を儲けながら、ルドルフが男爵令嬢のマリー・フォン・ヴェッツェラと心中した事件（〝マイヤーリングの悲劇〟）は、のちにハリウッド映画『うたかたの恋』でロマンティックな悲恋物語として世界中に広まった。だが、ルドルフの死についても自殺説のほかに暗殺説があり、いまだ多くの疑問が残されている。

その後もエリザベートを不幸が見舞った。一八九二年には、常にエリザベートの心の支えであった母親のルドヴィカが他界した。

そして、エリザベートが暗殺される前年の一八九七年には、実妹のゾフィー・アランソン公爵夫人（一八四七―九七）が不慮の事故に巻きこまれて亡くなる。毎年恒例のパリのチャリティー・バザールで一二六人が犠牲となる大火災が起きたが、このときゾフィーは最後まで自分のことよりも子どもたちの救助を優先させて炎に飲みこまれた。

ゾフィーは若いときにバイエルン国王ルートヴィヒ二世と婚約したが、のちに国王から婚約を破棄された苦い経験がある。エリザベートはふたりを引き合わせたことで責任を感じ、なにかとこの妹を心にかけてきたのだった。

家族思いのエリザベートは、訃報を聞くたびに胸がキリで刺されるように痛んだ。晩年はどうしようもない虚無感に苛まれ、皇妃は度々死を口にすることがあった。

ルートヴィヒ二世が謎の死を遂げた後、エリザベートが記した詩がある。それは悲嘆するものではなく、死を羨むような内容になっている。

いやそれでも、それでもあなたが羨ましい
あなたは人々から遠く離れて暮らし
今、神々しい太陽があなたの目を逃れ
頭上の星々があなたのために涙を流す
（『エリザベート　美しき皇妃の伝説　下』朝日文庫・中村康之訳）

✳皇帝と皇妃の互いを思いやる深い愛情

ミュージカル『エリザベート』では、夫の皇帝がエリザベートの部屋へ入るのを拒むシーンがある。これは史実に基づいた演出で、エリザベートの部屋には鍵があった。ウィーン一区にある王宮（現旧王宮）では、皇妃エリザベートと皇帝フランツ・ヨーゼフ一世の寝室は別々で、それぞれシングルベッドを置いていた様子が再現されている。皇帝が皇妃の部屋に入るには、カーテンに隠れた丸いブザーを押して入室の承諾を得る必要があったのは興味深い。

一方、シェーンブルン宮殿では、夫妻の寝室には広い部屋の中央にダブルベッドがあり、白いリネンのカバーで整えられている。だがこちらも偽りではなく、まだエリザベートが夫を頼りにし、良好な夫婦関係を築こうと努力していた時代の部屋である。

エリザベートはマデイラ島での療養生活を終えた後もウィーンに戻ると病気がぶり返し、旅に出ることがしばしばあった。それでもフランツ・ヨーゼフ一世は妻を愛し続け、ウィーンで少しでも妻を喜ばせたいと、旧王宮の王宮庭園にユーゲントシュティール（アール・ヌーヴォー）様式の〝蝶の家〟（現熱帯蝶類博物館）を建ててプレゼントしたりしている。

この〝蝶の家〟は寒い季節に行くと、心身ともに温まる。入口のドアを開けると、一瞬でじっとりした湿気を帯びた暖かな空気に包まれる。亜熱帯植物がうっそうと茂るジャングルでは、鳥のさえずりや小川のせせらぎが聞こえてくる。もちろん、看板通りに珍しい蝶たちも舞っている。あまり大きな建物ではないが、冬はマイナス一〇度以下になることもあるウィーンで、マデイラ島を思い出してほしいという皇帝の深い愛情が感じられる。

ここを訪れたときに「皇帝フランツ・ヨーゼ

フ一世が皇妃シシィのために、建てたんです
よ！」と、普段は冷静なウィーンっ子が誇らしげに解説してくれたのを覚えている。

また、現ギリシャのコルフ島にはアキレイオンという別荘を建設し、そこに皇太子ルドルフの像を建てた。息子の死を悼む妻を慰めたい、妻の希望を叶えてあげたいという夫の健気な愛が感じられる。

かたや、エリザベートは妻としての務めを果たしていないことに、罪の意識があったのだろう。フランツ・ヨーゼフ一世と観劇した際、夫が主演女優に惹かれたのを察知したエリザベー

王宮庭園にあるユーゲントシュティール様式の「蝶の家」。フランツ・ヨーゼフ１世がシシィに贈った

一年中亜熱帯気候で皇妃のための散歩道もつくられている

亜熱帯の珍しい蝶々が生息している

王宮庭園に立つ軍服のフランツ・ヨーゼフ１世像

トは、寛大にもふたりの逢瀬をセッティングして間を取り持った。かくして、女優カタリーナ・シュラットは、留守がちな皇妃の公認で皇帝フランツ・ヨーゼフ一世を支え、また時には三人で余暇を楽しむことさえあった。

　反面、エリザベートがイタリアを旅行中に、皇帝がカタリーナ同伴で来ようとしたときには、異国の人々には理解されないだろうとカタリーナの訪問を遠慮させている。「アモーレ（愛）」の国のイタリア人にも、不倫を許す〝ウィーン気質〟は受け入れられないと判断したからだ。エリザベートは、いたずらに市民感情を刺激してハプスブルク家への反感につながりかねない微妙な時代の空気を慮《おもんぱか》ったのだった。

　それでもフランツ・ヨーゼフ一世は生涯妻を愛し続け、書斎には常にエリザベートの肖像画が何点も飾られていた。そのうち皇帝が最も気に入っていたのは、エリザベートが解いた髪をおろし、長い髪を左右にわけて胸元で交差させているネグリジェ姿のものだった。ドレスアップし宝石で飾りたてた公の皇妃よりも、素のエリザベートを愛していたのだろう。

誇り——美しく年を重ねる

エリザベートにとって人生の大きな転換期と

なったのは、一八七五年に個人資産を持てるようになったことだった。これは、革命で退位した前皇帝フェルディナント一世がプラハで死去し、甥であり後継者のフランツ・ヨーゼフ一世が唯一の相続人に指名されたからだ。皇帝は莫大な財産を相続し、その一部を妻のエリザベートにも分配した。

時に浪費家というレッテルを貼られることもあるエリザベートだが、実はこの私有財産で抵当証券、国有鉄道やドナウ汽船会社の株などを買って利殖を増やし、いろいろな名義を使った銀行口座を持っていた。あまり表立って語られることはないが、皇妃個人の財産運営にはロスチャイルド（独名ロートシルト）家の影が見え隠れする。

ドイツ出身のロスチャイルド家は、メッテルニヒが宰相だった時代に、各国にちらばった兄弟五人がそろってオーストリアから男爵の爵位を拝している。オーストリア最初の国有鉄道の皇帝フェルディナンド北部鉄道はロスチャイルドによって建設されたうえ、偽名の銀行口座を開設したり、利に疎《うと》いエリザベートが株で利殖を増やせたのも、経済を知悉《ちしつ》した金融アドヴァイザーがいなければ実現できなかったはずだ。

ただし、エリザベートの財テクは贅沢をするのが目的でなく、仮に国家が破綻したり、革命が起こったりした場合に亡命することを念頭に置いたものだった。当時の世界情勢を鑑《かんが》みれば、いつ皇室が転覆してもおかしくない世相だった。

義弟でメキシコ皇帝に就いたマクシミリアンやバイエルン王ルートヴィヒ二世については前述の通りだが、普仏戦争で負けて失脚したナポレオン三世もイギリスへ亡命。ちなみに、エリザベートはナポレオン三世の妻のウジェニー皇妃と南仏で再会している。加えて、両シチリア王国に嫁いだ実妹のマリー王妃は、イタリア統一運動の攻防戦の末、やはり亡命を余儀なくされた。エリザベートはヒタヒタと迫る政府転覆の暗い影を感じ取っていたにちがいない。

とはいいながら、一八七九年四月の皇帝夫妻の銀婚式の折には盛大な祝福行列が行われ、皇帝の隣には輝くばかりの美しさを放つ、四一歳のエリザベートの姿があった。また、三年後のウィーンの春のパレードでもエリザベートは馬に乗って颯爽と現れ、衰えを知らぬ美貌に市民は拍手喝采を送った。

一方、イタリアでは国家統一の気運が高まり、反オーストリア感情が盛り上がるなか、同年トリエステ（現イタリア）でオーストリア帰属五〇〇周年の祝賀会が行われた。このとき、海岸沿いの大通りを馬車に乗った皇帝夫妻がパレードしたが、エリザベートはパレード中に独立派に狙われることを慮り、皇帝をかばって自らは狙撃手から狙われやすい陸側の席に着いている。

ところで、エリザベートの晩年の写真はほとんど残されていない。カメラを向けられると「ノー・フォト・プリーズ！（Keine Fotos, bitte!《カイネ・フォトス・ビッテ》）」と、咄嗟に扇子や日傘で顔を覆い隠したものだった。

それは乗馬のときも同じで、いつも馬の轡《くつわ》には扇子が挟まれていた。しかし、あれほど入れこんだ乗馬だったが、一八八二年を最後にエリザベートは乗馬から身を引くと、今度は早歩きとハイキングに熱中した。

むろん、日々のフィットネスもダイエットも欠かさなかったし、お肌のケアも忘れず、夏になると就寝前にイチゴパックに精を出した。また、ヘアケアの時間を勉強に充てたことは前述の通りだが、エリザベートは五〇歳を過ぎてから本格的に古代ギリシャ語と現代ギリシャ語の勉強に着手し、新たな言葉をマスターしている。知への探求心は衰えていなかった。

また、皇太子ルドルフの死がエリザベートを絶望の淵に突き落としたことも記述したが、息子を慕う母親の切なさゆえ、ルドルフに会いたい一心で交霊術に関心を持ったりもした。ルドルフが亡くなった年、地中海を旅したときに港のカフェで、左肩に錨のタトゥーを入れたのは、自傷行為の表れだったと見てとれる。

虚無感に飲みこまれていく晩年、エリザベートの愛読書は、のちに女性としてノーベル平和賞を最初に受賞したオーストリア人のベルタ・フォン・ズットナーの『武器を捨てよ!』(一八八九年刊)だった。エリザベートは皇妃として、またひとりの人間として、女性として、母として、塗炭《とたん》の苦しみに喘ぐ人々を憂いて胸を痛めた。それゆえ、平和を希求する詩も残している。

そして、最愛の末娘のマリー・ヴァレリーが嫁いで宮殿を去ると、エリザベートの放浪の旅はますますエスカレートする。強い孤独を感じたエリザベートは、「死にたい」と漏らすようになった。悲観と絶望に襲われ、繊細な神経は些細なことで揺れ動いた。

一八九八年の夏、あてのない旅を続けるエリザベートが思い出のバート・イシュルに滞在していたところ、夫フランツ・ヨーゼフ一世と娘マリー・ヴァレリーの訪問を受け、一緒に過ごした。しかし、これが最後の家族団欒となった。

ここからエリザベートはウィーンには戻らず、さらに旅を続けて再びジュネーヴへ戻る。九月九日、エリザベートはジュリー・ロスチャイルド男爵夫人に招待されて、随行の女官のイルマ・スターライ伯爵夫人を伴ってレマン湖畔の別荘を訪問。ご馳走でもてなされ、デザートにはアイスクリームを楽しんでいる。

翌九月一〇日、レマン湖の定期船に乗るため桟橋に急ぐ黒衣のエリザベートに、突然ひとりの男が勢いよくぶつかってきた。仰向けに転倒した皇妃は、ショックが収まるとなにごともなかったように立ち上がり、駆け付けた人々にドイツ語・フランス語・英語でお礼の言葉を述べた。気丈にも、急ぎ足で歩いて桟橋へとたどり着く。まもなく船が出航すると、エリザベートは激しいめまいを感じてその場に倒れこみ、運びこまれたホテルでそのまま息をひきとった。

カプツィナー教会のハプスブルク家の納骨堂。フランツ・ヨーゼフ１世の棺の左に
皇妃エリザベート、右に皇太子ルドルフの棺が並んでいる

イタリア人の無政府主義者のルイジ・ルケーニが、先のとがった細い鋭利なヤスリで心臓付近を一突きにしたのだ。ルケーニはフランス王位継承者のオルレアン公アンリを暗殺しようと企んだが、公がすでにジュネーヴを発ってしまったことで、代わりに急遽エリザベートを標的にしたものといわれている。

遺体はハプスブルク家の歴代王とその家族の遺骨が安置されるウィーンのカプツィナー教会（納骨堂）の廟《びょう》に納められた。こうしてエリザベートは、息子のルドルフのもとへ赴いた。現在、皇帝フランツ・ヨーゼフ一世の棺を挟んで、皇妃エリザベートと皇太子ルドルフが仲よく並んで眠りについている。エリザベートの墓前には、ほかの誰よりも多くの花が手向《たむ》けられている。皇妃としての立場より自分であることに徹するために、生涯、美と知を磨き続けたエリザベートは、劇的な死によって神話化され、人々を魅了し今に語り継がれている。

主な参考文献

『皇妃エリザベート　その名はシシィ』南川三治郎 河出書房新社 1994年
『皇妃エリザベートをめぐる旅』沖島博美 河出書房新社 2016年
『図説　ハプスブルク帝国』加藤雅彦 河出書房新社 1995年
『図説　ブダペスト都市物語』早稲田みか 河出書房新社 2001年
『ハプスブルク家』江村洋 講談社現代新書 1990年
『ハプスブルク家の女たち』江村洋 講談社現代新書 1993年
『名画で読み解く　ハプスブルク家12の物語』中野京子 光文社新書 2008年
『皇妃エリザベート　ハプスブルクの涙』マリールイーゼ・フォン・インゲンハイム／西川賢一訳 集英社文庫 1996年
『皇妃エリザベート』マリールイーゼ・フォン・インゲンハイム／西川賢一訳、集英社文庫 1996年
『皇妃エリザベートの生涯』マルタ・シャート／西川賢一訳 集英社文庫 2000年
『エリザベート　美しき皇妃の伝説』上・下 ブリギッテ・ハーマン／中村康之訳 朝日文庫 2005年
『エリーザベト　オーストリア皇后――ハンガリー王妃(日本語)』Georg Kugler,BONECHI VERLAG STYRIA 1999
『ホーフブルク王宮　皇帝の部屋　シシィ博物館　王宮銀器・食卓調度コレクション　エリーザベト皇后の住居（日本語）』Ingrid Haslinger, Katrin Unterreiner, Schloss Schönbrunn Kultur-und Betriebsges.m.b.H, 2000
『シェーンブルン宮殿ガイド（日本語）』Schloss Schönbrunn Kultur-und Betriebsges.m.b.H, 2003
『週刊地球旅行　オーストリア　音楽の都ウィーン』講談社 1998年

Sissi's favorite recipes, Maria Wiesmüller, KOMPASS-Karten, 2011
Kunst & Genuss der Wittelsbacher, Freiherr Tino von Gleichenstein & Irene Roswitha Seiler, Alle Rechte Vorbehalten, 2004
Das Sisi-Kochbuch, Sascha Wussow, Buchverlag Kremayr & Scheriau / Orac, Wien, 2006
Sisis Hochzeit und das Elisabeth-First-Album, Michael Budde, Michael Imhof Verlag, 2012

THE RELUCTANT EMPRESS A biography of Empress Elisabeth of Austria, Brigitte Hamann, Die Deutsche Bibliothek-CIP-Einheitsaufnahme, Ullstein-Buch, 1998
Austria Imperial Edition Empress Elisabeth of Austria 1837-1898. Renate Hofbauer Lindenau Productions GmbH, 1998

SISIS KAISERLICHES SCHÖNHEITS-UND GESUNDHEITSBUCH, Jutta Wellmann, Handelsges.m.b.H
TAFELN mit SISI, Ingrid Haslinger, Christian Brandstätter Verlag 2007
EYEWITNESS TRAVEL GUIDE VIENNA, DK, 2004
EVERYMAN GUIDES BUDAPEST, Edited by Peter Leek, Everyman Publishers plc, 2000

須貝典子（すがい・のりこ）
旅行ジャーナリスト。1962年、新潟県生まれ。東京女子大学短期大学部卒業。集英社退社後、オーストリア等を経てセルビア在住。片野優との共著に『図説 プラハ』『こんなにちがうヨーロッパ各国気質』『日本人になりたいヨーロッパ人』『ヨーロッパの都市伝説』等。

美しき皇妃エリザベート

美容からファッション、食事、フィットネスまで、その美の秘密

2023年5月20日　初版印刷
2023年5月30日　初版発行

著　者　須貝典子
写　真　片野優
装幀・デザイン　水橋真奈美（ヒロ工房）
本文作図　小野寺美恵

発行者　小野寺優
発行所　株式会社河出書房新社
〒151-0051 東京都渋谷区千駄ヶ谷2-32-2
電話　03-3404-1201（営業）　03-3404-8611（編集）
https://www.kawade.co.jp/
印刷・製本　三松堂株式会社

Printed in Japan
ISBN978-4-309-22876-1

落丁本・乱丁本はお取り替えいたします。

本書のコピー、スキャン、デジタル化等の無断複製は著作権法上での例外を除き禁じられています。

本書を代行業者等の第三者に依頼してスキャンやデジタル化することは、いかなる場合も著作権法違反となります。